능히 이루시는 하나님

러쓰 존스톤

TO KNOW CHRIST AND TO MAKE HIM KNOWN

네비게이토 선교회는
국제적이며 복음적인 기독교 기관이다.
예수 그리스도께서는 자기를 따르는 자들에게
"너희는 가서 모든 족속으로 제자를 삼으라"
(마태복음 28:19)는 지상사명을 주셨다.
네비게이토 선교회는 세계 모든 국가에서
예수 그리스도의 일꾼들을 배가시켜
이 지상사명을 성취하는 일을 돕는 것을
근본 목표로 하고 있다.

네비게이토 출판사는
네비게이토 선교회의 문서 선교를 담당하고 있다.
본 출판사에서는 그리스도인의 영적 성장을 돕는
서적과 자료들을 출판하여,
그리스도인의 삶의 기초가 견고한
헌신된 제자로 성장하고,
나아가 성숙한 인격과 지도력을 갖춘
일꾼이 되도록 돕고 있다.

God can make it happen

Russ Johnston
with Maureen Rank

Translated by permission
Original language title :
God Can Make It Happen
Copyright ⓒ 1976 by Cook Communications.
Korean Copyright ⓒ 1983 by Korea NavPress

*To Dr. Ivan Olsen
whose faith and generosity
have helped hundreds walk with Christ.*

차 례

추천의 말 9
머리말 11
1. 믿음으로 사는 삶이란? 15
2. 당신에게 필요한 전부는 하나님입니다 33
3. 상은 지금 이곳에서도 받습니다 53
4. 하나님만을 찾는 단순한 삶을 사십시오 79
5. 엄청난 수익이 보장되는 예탁을 하십시오 99
6. 하나님을 기대하는 삶을 사십시오 121
7. 주는 자가 받는 자입니다 143
8. 성경은 당신을 계속 믿음으로 나아가게 해줍니다 165
9. 찬양은 변화를 가져다줍니다 179
10. 믿음의 길을 따라 순종하십시오 197
11. 당신이 쓰임받기를 원한다면 자원하십시오 211
12. 산이 움직이지 않을 때 믿음을 지키십시오 231

추천의 말

러쓰 존스톤은 믿음의 사람이며 또한 행동의 사람입니다. 그는 믿음의 사람이란 곧 행동의 사람이라고 믿고 있습니다.

그는 나와 같이 아이오와 주의 농장 출신인데, 아마 이것이 내가 그의 생활 방식 곧 정직하고 직선적이며 소박한 삶을 잘 이해하고 동시에 좋아하는 이유인지도 모르겠습니다.

그의 삶 전체에 담대하게 하나님을 신뢰하는 정신이 스며 있는데, 이는 그의 메시지에 활력을 불어넣는 원천이 되고 있습니다. 그로 말미암아 당신은 자신의 믿음이 새로워지며 활력을 얻게 되는 것을 발견할 것입니다.

이 책을 다 마칠 때쯤 히브리서 11:6이 당신에게 살아 있는 말씀이 되리라 믿습니다. "믿음이 없이는 기쁘시게 못하나니, 하나님께 나아가는 자는 반드시 그가 계신 것과 또한 그가 자기를 찾는 자들에게 상주시는 이심을 믿어야 할지니라."

론 C. 쎄니

머리말

내가 26세 때의 일입니다. 아직 미혼이었는데, 내게 기대를 품고 있던 친척들이 더 이상 내가 언제 결혼하게 되느냐고 묻지는 않고, 왜 나 같은 호남이 결혼에는 전혀 신경을 쓰지 않는지 의아해하기 시작했을 때는 일이 점점 난처하게 되어 가는 것만 같았습니다. 하지만 그들은 포기했어도 나는 포기하지 않았고, 하나님은 더욱 포기하지 않으셨습니다.

나는 하나님께서 아내를 주시리라는 것을 알고 있었습니다. 그러나 하나님께서는 그 이상의 것도 주셨습니다. 불가능한 것을 이루시는 하나님을 신뢰하는 삶의 바다로 나를 밀어 넣으신 것입니다. 내게 아내를 주실 때 역사하신 방법은 분명히 불가능에 속하는 것들 중의 하나였습니다.

나는 이런 일이 있기 얼마 전에 믿음에 대해 배우고 하나님을 의뢰하는 삶을 살기 시작했었습니다. 아이오와 주립

대학교에서 그리스도를 만난 직후, 나는 한 수양회에 참석하게 되었는데 그 주제는 다른 사람들을 그리스도께 인도하는 것에 관한 것이었습니다. 수양회 참가 신청서를 낸 직후에 나는 병무청으로부터 신체검사를 받으러 오라는 통보를 받았는데, 공교롭게도 그 날짜가 수양회 기간과 겹치는 것이었습니다.

그리하여 나는 일단 병무청에 찾아가서 사정을 설명했습니다. 담당자들의 대답은 미 정부에서 오라고 할 때 와야 된다는 것이었고, 그렇지 않으면 즉각 징집된다는 말만 덧붙였습니다. 나는 대학 2학년에 재학 중이었고, 전액 축구 장학금을 받고 있었으며, 그리스도를 믿기 시작한 지 얼마 되지 않은 때였으므로, 군 복무가 당시의 나에게 그다지 필요한 것이라고는 생각되지 않았습니다. 아무튼 하나님께서 수양회에 참석하라고 하셨기에 나는 참석했습니다. 예상된 대로 당연히, 나는 불과 며칠도 지나지 않아 소집 영장을 받았습니다.

처음 훈련받기 시작했을 때는 하나님의 결정을 따르는데에 믿음의 순복이 필요했지만, 돌이켜 보면 그때의 군 복무는 내 생애 중 빼놓을 수 없이 소중한 기회였습니다. 나는 군에 있을 때 경건한 사람들의 도움을 받아 그리스도 안에서 성장하면서 모든 일에 하나님을 의뢰하는 법을 배우게 되었습니다.

나는 패티 브라운을 2년 정도 알고 지내 왔는데, 보통 그리스도인들이 결혼하기 전에 서로를 잘 알기 위해 데이

트를 한다든지 다른 특별한 시간을 내는 것과는 달리 우리는 전혀 그런 기회를 갖지 않았습니다. 그러나 내가 오키나와 주둔 미군을 대상으로 해외 선교를 하기 시작한 지 4개월 후에 패티와 나는 편지로 약혼을 하게 되었고, 1년 후에는 결혼했습니다. 하나님께서 모든 것을 준비해 주셨던 것입니다.

이 일련의 사건은 불가능한 일을 이루시는 하나님의 많은 역사 중 시작에 불과했습니다. 70년대 초에 하나님께서는 내 안에 믿음에 관한 새로운 역사를 이루기 시작하셨고, 마침내 나는 "믿음이 없이는 기쁘시게 못하나니"(히브리서 11:6)라고 한 말씀의 진리를 깨달을 수 있었습니다. 나는 그때까지만 해도 수년 동안이나 이 진리를 오해하고 있었습니다. 즉, 나는 전적으로 기도, 성경암송, 교회 출석 등-모두 좋은 일이긴 하지만-여러 일들을 통해서 하나님을 기쁘시게 하고자 애쓰고 있었던 것입니다.

내가 깨달은바, 믿음은 그리스도인의 삶에 있는 여러 좋은 활동들 가운데 하나가 아닙니다. 그것은 하나님께로부터 "잘했다"고 칭찬받기 위한 기본 조건이자 필수 요소인 것입니다. 이 모든 믿음의 경험들을 통하여, 하나님께서는 그리스도인으로서의 활동도 물론 좋은 것이긴 하지만 하나님 자신이 원하시는 한 가지는 그를 의뢰하는 것이라는 사실을 애써 가르쳐 주셨던 것입니다. 그리스도에 대한 믿음은 어떤 유별난 그리스도인의 삶에나 필요한 첨가 요소가 아니며, 그리스도인의 삶 그 자체입니다.

나는 하나님께서 보여 주신 것들을 나누기 시작하면서 －처음에는 우리 교회 주일학교에서, 나중에는 성경 연구회 및 교회 수양회에서－사람들이 점차 자신의 문제들을 하나님께서 해결해 주시도록 맡기고, 아울러 하나님께서 자신들을 모든 잠재력을 발휘하는 온전한 그리스도인으로까지 성장시켜 주시도록 믿음의 발걸음을 내딛는 것을 보게 되었습니다. 하나님을 의뢰함으로써, 그들은 삶이 단지 바뀐 정도가 아니라 전혀 새로운 삶의 양식을 얻게 되었습니다.

하나님을 전폭적으로 믿음으로써 나의 그리스도인으로서의 경험은 따분한 허드렛일로부터 거룩한 모험으로 바뀌었는데, 이 일은 수많은 다른 그리스도인들의 삶에서도 이루어지고 있습니다. 능히 이루시는 하나님을 의뢰하는 삶을 배울 때, 당신도 똑같은 변화를 체험하는 삶을 살 수 있습니다.

1
믿음으로
사는 삶이란?

짐 윌리엄즈에게는 문제가 하나 있었습니다. 문제라고요? 예, 한 트럭은 족히 됨 직한 문젯거리들을 안고 있었습니다.

차차 알겠지만, 짐은 전신불수였습니다. 고등학교 2학년 때 소아마비에 걸려 그 후로 5년 동안 철폐(소아마비 환자 등이 쓰는 철제 호흡 보조기)에 의지하여 지냈습니다. 그의 삶은 겨우 연명하는 고작 그런 정도였습니다.

그는 머리를 조금 들 수 있었고, 한쪽 팔을 8cm 정도 올릴 수 있었으며, 엄지와 또 다른 손가락 하나를 움직일 수 있는 것 외에는 전신이 마비되어 있었습니다. 그의 폐는 겨우 8분의 1정도만 기능을 발휘하고 있었기 때문에 의자에 앉아 있는 것만 해도 숨이 가빠 올 지경이었습니다.

게다가 이 모든 어려움을 혼자 감당해야 했는데, 이는 그가 소아마비에 걸린 후 부모가 이혼을 하여 그를 한 허름한 요양원에 의탁하여 남은 목숨이나 이어 갈 정도로 방치해 둔 때문이었습니다.

그러나 그때 짐은 거기에서 예수님을 만났습니다. 그리하여 하나님의 아들 그리스도께서는 이 희미하고 쓸모없는 한 생명을 취하여 한 기적을 일으켜 주셨습니다. 주님은 짐의 소아마비를 치료하신 것은 아니지만 그에게 영향력 있는 삶을 살게 해주셔서 오늘날까지도 다른 여러 사람들에게 영향을 주고 있습니다.

한 가지 예를 들면, 그는 성경학자 못지않은 사람이 되었던 것입니다. 그러나 눈 앞 한 뼘 정도의 거리에 손바닥만한 크기의 성경을 펴주어야만 읽을 수 있던 그로서는 이렇게 되기가 결코 쉬운 일은 아니었습니다.

그는 또한 헌금을 통하여 실질적 봉사의 삶을 발전시켰는데, 이것 또한 수입원이 없는 사람으로서는 놀라운 일이 아닐 수 없었습니다. 그는 주기 위하여 받을 수 있도록 기도했습니다.

게다가 그의 증거의 삶에 대한 열망은 그를 아는 우리 대부분의 사람들을 부끄럽게 만들었습니다.

그는 밖에 나가서 사람들과 접촉할 수 없었기 때문에, 오히려 사람들이 자기 방에 찾아오게 되도록 간구했고, 그들에게 그리스도를 소개할 수 있는 기회를 위해 기도했습니다.

단은 짐과 한 도시에 사는 대학생이었는데, 언젠가 주일에 교회 문을 나설 때 목사님으로부터 이런 부탁을 받게 되었습니다.

"단, 저 건너편 요양원에 있는 한 환자에게 교회 주보 좀 전해 줄 수 있겠어요?"

단은 그러겠다고 대답했는데, 그가 방문하기로 한 그 환자란 짐을 가리키는 것이었습니다. 그리하여 곧 누가 누구를 도와주려고 하는 건지 분간하기 곤란한 상황이 벌어지게 되었습니다. 결국 그날 단은 짐의 방을 떠나기 전에 그리스도가 자신에게 절실히 필요하다는 사실을 깨닫게 되어 그의 전 마음을 주님께 드리게 되었습니다. 오늘날 단은 대학생들에게 복음을 전파하는 사역에 전념하고 있습니다.

짐은 폐렴에 걸려 세 차례에 걸친 투병 끝에 세상을 떠났는데, 장례식 때에는 젊은 대학생들을 비롯하여 그가 영적인 면에서 도움을 주었던 사람들로 교회당 안이 가득 차게 되었습니다.

장례식을 인도하던 목사님은 회중을 바라보면서 놀라움을 금치 못했습니다. 그는 감격에 넘쳐 다음과 같이 말했습니다.

"제가 세상을 떠날 때도 이처럼 많은 젊은이들의 애도를 받는다면 더 이상 바랄 게 없겠습니다."

조그맣고 보잘것없는, 보통에도 미치지 못하는 한 생명이 보통을 훨씬 능가하는 업적을 남겼던 것입니다. 그 까닭은 바로 짐 윌리엄즈가 보통을 훨씬 능가하시는 하나님과 믿음으로 동행했었기 때문입니다.

당신은 아마 짐이 안고 있던 문제점들은 없을지라도 당신 나름대로의 다른 문제점이 있을 것입니다. 어쩌면 당신은 근심 걱정으로 시달리는 일은 전혀 없지만, 하나님께서 축복해 주시고 사용하시는 사람들을 바라보면서 어떻게 하면 나도 이런 기적들을 경험할 수 있을까 하며 궁금해 하고 있을지도 모릅니다.

어떻게 하면 하나님께서 당신의 삶 속에서도 역사하시게 할 수 있을까요? 필요한 것은 하나님을 구하는 것과 믿음뿐입니다. 하나님을 믿으십시오. 그러면 곧 하나님께서 당신의 문제들을 해결하시고 당신의 일상적이며 자연적인 삶을 취하셔서 초자연적인 모험의 삶으로 바꾸시는 것을 경험할 것입니다!(히브리서 11:6)

하나님께서 당신의 문제들을 해결하신다

예수님은 한마디로 문제 해결자이셨습니다. 그는 병자들을 고치셨고, 주린 자를 먹이셨으며, 죽은 자를 일으키셨고, 마음 슬픈 자를 위로하셨으며, 결정 내리는 것을 도와주셨고, 가족 문제들도 다루어 주셨습니다. 예수님 안에 있는 믿음이 이 모든 해결책을 가져온 것입니다.

오늘날에도 마찬가지입니다. 예수님 안에 있는 믿음, 곧 진실되며 정직한 믿음은 해결책을 제시해 줍니다.

오래 전부터 그리스도인이었던 조이는 어느 날 믿음에 관한 메시지를 듣고는 의문에 가득 찬 마음을 안고 집에 돌아왔습니다. 그녀로서는 하나님께서 일하시도록 믿고 바라보기만 하면 된다는 생각이 너무나 단순하고 또 너무나 좋아서 도리어 의심이 될 정도였습니다.

"주님, 좋습니다. 주님께서 저와 남편이 지금 돈 문제로 걱정하고 있는 것을 아시지요" 하면서 그녀는 기도하기 시작했습니다. 조이는 당시 임신 중인데다 학생 시절 등록금으로 쓴 대부금을 갚아야 하는 문제로 마음이 무거웠지만, 그녀 남편은 이를 해결하기 위한 시간제 부업을 쉽사리 구할 수가 없었습니다. 그리하여 그녀는 하나님의 손에 그 문제를 맡기며, 그들의 모든 필요를 채워 주시겠다는 주님의 약속을 이루어 주시도록 구했습니다.

그날 시내를 나가는 길에 그녀는 자기가 여름에 일한 적이 있던 사무실에 잠깐 들렀는데 문을 나설 때 전에 담당 주임이었던 분이 잠시 그녀를 불러 세우더니 이렇게 말하는 것이었습니다.

"그런데, 조이 씨, 지난여름 봉급에서 공제했던 퇴직금이 있는 것 알고 있어요?"

조이는 뜻밖이라는 듯 되물었습니다. "저는 시간제로 일했는데요. 정식 사원들만 퇴직금을 공제했던 것 아니에요?" 그녀는 곧 자기가 잘못 알고 있었다는 것을 알게 되었고, 떠나올 때는 84불짜리 수표를 손에 쥐게 되었습니다.

그녀가 집에 도착하자마자 남편이 뛰어 들어오며 소리

쳤습니다. "방금 무슨 일이 일어났는지 당신은 믿지 못할 거야!"

조이는 활짝 웃어 보이면서 대답했습니다. "알 것 같은데요."

"당신, 내가 찾고 있던 일자리 알지? 오늘 구했거든. 상담하는 일인데, 시간당 11불을 준대!"

당신의 경우엔 돈 문제로 인한 염려는 없지만 혹 가정생활에 여타의 다른 어려움이 있을지도 모르겠습니다. 론과 데비가 바로 이런 경우에 처해 있었습니다. 그 문제란 곧 태어날 아기에 관련된 것이었습니다.

론은 군인이었기 때문에 그 주가 지나면 야전 훈련에 들어가기로 계획되어 있었습니다. 그런데 그의 출발일이 그들 첫아기의 출산 예정일과 겹쳐 있었던 것입니다. 그들 부부는 하나님께서 아기의 출산 때 론이 집에 머무를 수 있도록 하시리라 믿고 그렇게 기도했습니다.

한 주가 지나고, 그 다음 주도 지났지만 아기가 태어날 기미는 없었습니다. 그들은 군의 방침이 변경되지 않을 것을 알고 있었기 때문에, 론이 집에 머무를 수 있는 조건은 실제로 아기가 태어나는 것뿐이라는 점도 알았습니다.

"우리는 하나님께서 내일까지 아기를 주시리라 믿고 있었기 때문에, 아마도 하나님께서는 우리가 믿음의 발걸음을 내딛기를 기다리고 계실거야" 하고 론은 생각해 보았습니다. 그리하여 그들은 믿음으로 데비를 입원시키기 위해 병원으로 차를 몰았습니다.

그러나 그들은 막상 병원 앞에 도착해서는 들어가기를 망설였습니다.
"왜 입원하려고 하느냐고 물으면 뭐라고 대답하지요?" 하고 데비가 물었는데, 이것은 꼭 생각해 봄 직한 질문이었습니다. 군대 규정에 의하면 산모가 진통을 시작하기 전에는 산부인과 입원이 금지되어 있었는데 데비의 경우에는 곧 해산이 있을 것을 알려 주는 어떤 징후도 없었기 때문이었습니다.

그들은 30분 동안이나 이리저리 대답할 말을 짜내며 의논했으나, 결국 그냥 들어가 부딪쳐 볼 수밖에 없었습니다. 하나님께서 역사하셨고, 데비는 입원이 되었습니다. 그러자 곧 진통이 시작되었고 몇 시간 후 아빠가 자랑스럽게 지켜보는 가운데 옥동자가 태어났습니다.

담당 의사들이 아기에게 Rh 인자로 인한 문제가 있어서 심각한 합병증이 생길 뻔했다고 이야기해 줄 때 하나님의 보호의 손길은 한층 분명해졌는데, 출산이 조금만 늦었어도 문제가 실로 심각해졌을 것이라는 것이 의사들의 진단 결과 밝혀졌기 때문이었습니다.

하나님께서는 당신이 첫아기를 얻게 될 때나, 이후 자녀들을 돌볼 때 부딪히게 될 문제들 속에서도 역사하십니다.

어쩌면 당신의 경우는 내가 한 세미나에서 만났던 어떤 부인의 경우와 좀 더 흡사할지도 모르겠습니다. 그녀는 이렇게 말했습니다. "러쓰 씨, 제 경우에는 먹고 사는 데는 전혀 문제가 없어요. 남편의 수입이 상당히 많아서 우리가 더 이상 필요로 하는 것은 없거든요. 참으로 제게 부족하다고 느끼는 것은 성경을 깨닫는 면이에요. 성경을 봐도 이해가 잘 안 되고 재미가 없는데 어떻게 해야죠?"

나는 그때까지 사람들이 영적인 필요 때문에 갈급해할 때 하나님께서 역사하시는 것을 죽 보아 왔기 때문에, 그녀에게도 그게 문제가 된다면 하나님께서 능히 해결해 주실 것이라고 확신시켜 주었습니다.

내가 오키나와 섬 주둔군을 대상으로 선교할 때 만난 팀의 경우가 그랬습니다. 그는 당시 그리스도인이 된 지 4개월째였는데, 나는 그를 성경공부에 초대했습니다. 팀은 배우고자 하는 열정이 있었지만 공교롭게도 성경공부가 있는 매주 화요일 저녁은 그가 속한 중대의 기동 훈련일로 정해져 있어서 성경공부 참석이 불가능한 형편이었습니다. 그러나 팀은 참으로 하나님의 말씀을 공부하고자 갈망했으므로, 우리는 하나님께서 이 문제를 해결해 주시도록 구했고 주님을 의뢰했습니다.

예정된 첫째 화요일 밤에 팀은 놀라운 사연을 간직한 채 성경공부 장소에 나타났습니다.

"저희 중대는 예정대로 오늘 아침 훈련장으로 나갔지만, 이웃 중대의 위치를 찾지 못했습니다. 우리는 3시간 동안이나 찾아 헤맸지만 결국 찾지 못하고 시간이 너무 늦어져서 지휘관들이 찾는 일을 포기하기로 결정하여 본대로 돌아오게 된 것입니다."

우리는 하나님을 찬양했습니다. 오키나와 같은 손바닥

만한 섬에서 일개 중대를 찾지 못한다는 것은 미식축구 경기장에서 마이애미 돌핀 팀을 찾지 못하는 것만큼이나 불가사의한 일입니다.

그 다음 화요일에도 팀은 참석했습니다. 이번에는 태풍 주의보가 그 지역에 내려서 야영 훈련을 나갈 수 없었다는 이야기였습니다. 이렇게 하여 팀은 처음 10주 동안 빠짐없이 성경공부에 참석했습니다. 그는 실제 믿음의 연습을 한 셈이었고 결국 하나님께서 그가 성경공부에 참석하고자 할 때 맞부딪힌 문제를 해결하여 주시는 것을 볼 수 있었습니다.

당신의 문제는 무엇입니까? 당신이 한 해 전에 부딪혔던 문제와 동일한 것입니까? 그렇다면 지금이야말로 하나님께서 그 문제를 해결해 주시는 것을 믿음으로 바라볼 때입니다. 하나님은 문제를 해결해 주시는 분이기 때문입니다.

하나님은 당신이 잠재력을 다 발휘하도록 도우신다

얼마 전에 한 부부로부터 장장 14쪽에 달하는 편지를 받았는데, 그들은 그리스도인이 된 지는 오래되었지만 최근에 이르러서야 믿음으로 사는 삶을 시작했다는 것이었습니다. 그들은 하나님께서 자신들이 이제껏 꿈꾸어 오던 것 이상으로 새롭게 자기들을 돌보아 주시는 것을 보게 되었습니다.

"믿어지지 않을 만큼 신나는 일입니다! 나는 일상생활에서 하나님을 어떻게 의뢰해야 하는가를 알고 난 이후로 우리 삶에 일어난 변화를 이렇게밖에는 표현할 수가 없습니다"라는 말로 조이 부인의 편지는 시작되었습니다.

봅과 조이 부부는 산 믿음에 관한 메시지를 처음으로 듣고 집으로 돌아가는 길에 그들이 그리스도인으로서 경험한 것들에 대한 이야기를 길게 나누게 되었습니다.

남편 봅이 이렇게 말했습니다. "여보, 당신도 알지만, 이제 와 생각해 보니까 그동안은 우리가 하나님을 그리 신뢰했던 것 같지가 않은데, 이제는 우리도 좀 변화되어야 할 때가 온 것 같소."

그들은 우선 재정 문제로부터 시작하는 것이 좋겠다고 마음먹었습니다. 다음날 저녁 그들은 그 달의 생활비 수지 균형을 맞추어 계산해 보니 300불이 적자였습니다. 그들은 기도하는 가운데 하나님께서 그 돈을 공급해 주시길 요청했고 이 일을 하나님께 전적으로 맡기기로 했습니다. 이것은 첫 단계였습니다.

24시간이 지나기 전에 봅은 전혀 기대하지도 않았던 일자리를 두 가지나 얻게 되었고 이를 통해 484불의 수입을 올릴 수 있었습니다.

하나님께서 이렇게 명확하고도 신속히, 그리고 풍성히 역사해 주시는 것을 보고 그들의 의구심은 완전히 사라지게 되었습니다. 그러나 그것은 시작에 불과했습니다. 하나님께서는 그들의 필요를 계속적으로 채워 주실 뿐 아니라 전에는 미처 자신들도 깨닫지 못했던 잠재 능력을 계발시켜 주신다는 사실을 깨닫기 시작한 것입니다.

  그들은 하나님의 선하심을 깨닫고는 이에 대한 보답으로 뭔가를 하기 원했습니다. 그래서 조이는 남편에게 자기가 나가는 직장인 병원을 그만두고 다른 여자들로 하여금 그리스도 안에서 성장하도록 도와주는 일을 하면 어떻겠느냐고 의견을 물었습니다. 그러나 그들 둘의 수입은 모두 합쳐야 한 달 생활비를 겨우 충당할 수 있는 형편이었기 때문에, 이 일은 그들에게 믿음의 발걸음을 요구하는 것이었습니다. 이에 밥은 기도해 보겠노라고 했습니다.

  일주일 후 그는 아내의 의견에 찬성표를 던졌습니다. 그러나 이 일은 그들이 사용하던 신용카드를 없애고 경제적인 필요에 대해서 오직 하나님만을 의뢰하는 믿음이 요구되는 것이었습니다. 그들은 믿음으로 한 걸음을 더 내디뎠고 하나님은 이에 응답하셨습니다.

  어느 날 예배를 마치고 나오는데 한 젊은 여자가 조이에게 다가와 자기가 실망에 빠졌던 이야기를 꺼내기 시작하더니 이렇게 말하는 것이었습니다. "저는 곧 아주머니께서 우리 동네 성경공부를 시작하지 않을까 생각해 오던 중이었어요."

  "어머, 당신이 그걸 묻다니 정말 놀라워요. 실은 남편과 상의하여 제가 직장을 그만두고 곧 그 일을 하려고 결정한 것이 바로 요 며칠 전이거든요"라고 조이가 대답했습니다.

  그 젊은 여자의 반응이 매우 적극적이었으므로 교회 예배 후에 밥과 조이 부부는 간단한 다과를 마련하고 그녀와 그녀 남편을 초대하였습니다. 그러자 이들 부부는 때마침 겪고 있던 경제적 고충에 대하여 털어놓았습니다.

그래서 자연스럽게 봅과 조이 부부는 300불을 위해 기도했는데 484불로 응답받았던 이야기를 들려주게 되었고, 이로 말미암아 큰 격려를 얻은 그들 부부도 하나님을 의뢰해야겠다고 결심하게 되었습니다. 그리하여 그들은 요금이 체납되어 통화 정지 통고를 받은 그날 하나님께서 우편을 통해 꼭 체납된 요금에 해당되는 40불을 보내 주신 경험을 하게 되었습니다.

이 일로 더욱 큰 힘을 얻게 된 봅과 조이 부부는 마침내 한 그룹의 부부 성경공부를 인도하게 되었습니다. 나중에 그들은 교회 안에서 함께 기도하고 교제하는 젊은 부부들을 위한 모임을 갖게 되었고, 이를 통해 몇몇 사람을 믿음으로 살 수 있도록 돕게 되었습니다.

주님께서는 전에는 결코 그들에게 어울리지 않던 모든 방법을 동원하여 그들을 사용하셨습니다.

한 의사 부인이 조이에게 전화를 걸어 다른 몇몇 부인과 함께 하는 그리스도의 재림에 관한 성경공부를 인도해 달라는 부탁을 했습니다.

조이는 이렇게 털어놓았습니다. "한 달 전에 그런 부탁을 받았더라면 저는 한마디로 안 된다고 대답했을 거예요. 하지만 하나님께서 이루어 주신 모든 일로 말미암아 저는 그러겠다고 대답했어요. 저는 하나님의 능력이 제 삶을 통해 역사하시는 것을 그날처럼 실감해 본 적이 예전에는 없었어요. 저는 내성적이라서 누가 제게 질문을 해도 대개는 멋쩍어하며 대답을 잘 못해 주었거든요. 그러나 그날은 성경 말씀에 관한 모든 질문에 대답해 줄 수가 있었지요. 이것은 실로 나는 하나님께서 하라고 하시는 일은 무엇이든지 할 수 있으며 하나님께서는 내가 실행할 때 끝까지 나를 돌보아주신다는 사실을 입증해 주었어요."

그날로 조이는 사표를 제출했는데, 사직 이유에는 "주님의 사역을 위해"라고 적었습니다.

그 병원의 인사과장은 이 말에 호기심을 느끼면서 그 말뜻이 무엇인지 알고 싶다고 했습니다. 이를 계기로 조이는 그녀에게 예수님의 복음을 전할 수가 있었습니다.

조이는 이어서 이렇게 말했습니다. "최근에 일어난 이 모든 일들이 아니었다면 저는 감히 그렇게 할 수 없었을 것입니다. 하지만 이제 하나님께서는 우리가 수년 동안 갈망해 오던 담대함을 주셨고 우리 입을 열어 주셨습니다."

그녀는 계속 말을 이었습니다. "우리는 몇 년 동안 꼬박 가정 예배 시간을 가져 왔지만 요즈음처럼 생동감이 넘친 적은 없었던 것 같아요. 믿음에 관하여 설명해 주고 있는 말씀들이 어찌 그리도 많은지, 놀랍기만 해요. 또 전에 우리가 비록 여러 번 그 말씀들을 읽었으면서도 실제로 적용해 본 적이 한 번도 없었던 것도 이상하구요."

봅의 삶에도 극적인 변화가 일어났습니다. 어느 날 아침 그는 아내 조이에게 이렇게 말했습니다. "당신도 알지만, 언제라도 하나님께서 나에게 도처에 다니며 사람들에게 하나님을 의뢰하는 삶에 대한 메시지를 전하길 바라신다면 나는 즉시 우리가 필요한 것만 꾸리고 나머지는 모두 그냥 두고라도 떠날 거요. 이번 수요일에라도 떠날 각오가 되어 있어요."

그는 경험을 통하여 하나님께서 원하시는 일이라면 무엇이든지 할 수 있게 되었던 것입니다.

충만한 그리스도인의 삶을 살 수 있는 잠재력은 항상 있었지만, 믿음으로 살기 전에는 봅과 조이 부부는 결코 그것을 발견할 수가 없었습니다.

이런 일은 거듭해서 일어났습니다. 믿음은 실로 당신 삶의 일부분에 그치지 않는 전반적인 변화를 가져다줍니다. 그로 말미암아 당신은 전혀 새로운 삶의 양식을 갖게 됩니다. 믿음은 문젯거리를 해결하는 데 도움을 주는 정도입니까? 결코 그렇지 않습니다. 하나님을 의뢰하는 법을 배울 때, 당신은 또한 하나님께서 참으로 원하시는 사람이 되는 것입니다.

믿음으로 사는 삶

당신은 앞서 나온 이야기들을 읽으면서 혹시 이런 생각을 해보신 적은 없습니까? 나도 그들이 섬기고 있는 바로 그 하나님을 섬기고 있는데, 내게는 왜 그런 일들이 일어나지 않을까? 그 비결은 뭘까?

하나님이 주시는 최상의 축복을 얻는 "비결"이 온통 신비에 싸인 것만은 아닙니다. 하나님께서 이루어 주실 것을 당신이 믿기만 하면 하나님께서는 당신에게도 기적을 베푸실 것입니다.

이를 위해서 특별한 수고와 분투가 필요한 것도 아니고, 하나님의 일을 위한 지칠 줄 모르는 노력이 요구되는 것도 아니며, 몇 시간의 성경공부를 해야 되는 것도 아닙니다. 다만 믿음이 필요한 것입니다.

히브리서 기자는 "믿음이 없이는 기쁘시게 못하나니"(히브리서 11:6)라고 말합니다.

하나님을 기쁘시게 하기 위해서는 하나님을 믿는 것 외에 다른 도리가 없으며, 또한 하나님께서 역사하시도록 하기 위해서는 믿음으로 족합니다. 사실 20세기적 사고방식으로는 믿기 어려울지도 모릅니다. 하지만 실상이 그렇습니다.

그래도 확신이 가지 않는다면 믿음의 영웅들의 삶(히브리서 11장)을 보십시오.

하나님께서는 그들을 특별한 명칭으로 부르셨습니다. 하지만, 그들의 도덕성을 염두에 두고 그렇게 하신 것은 결코 아닙니다.

아브라함의 예를 먼저 살펴보겠습니다. 그의 아내 사라는 아름다운 여인이었으므로 그는 당시 머무르던 이방 땅의 통치자들이, 종종 그런 짓을 자행했듯이, 혹시 그녀를 취하려고 자기를 죽일까 봐 두려워했습니다. 그러면 아브라함이 이 문제를 해결하기 위해서 어떤 담대한 방법을 취했었나요?

그는 자기 목숨을 건지려고 두 번씩이나 그들을 속였습니다(창세기 12:13, 20:2). 실제로 그녀가 그의 누이뻘이긴 했지만, 반쯤만 참인 그의 말은 고의적으로 속이기 위한 것이었으므로 명백한 거짓말이었습니다. 하나님께서는 사라를 부정으로부터 구하기 위해 애굽 왕 바로 위에 재앙을 내리셔야만 하는 지경에까지 이르게 되었습니다. 이 이야기를 듣고 나면 아브라함은 겁쟁이요 거짓말쟁이라 불리어도 별 이의가 없을 것 같지 않습니까?

그러나 하나님께서는 그를 자기의 사랑하는 벗이라 부르셨습니다(이사야 41:8). 하나님께서는 그를 사용하사 한 민족을 일으키셨습니다. 역사서들을 한번 살펴봐도 민족의 조상이 된 사람은 몇 명 안팎인 것을 알 수 있습니다. 세계의 주요 세 종교에서 공통적으로 아브라함을 그들의 조상이라 주장할 정도로 그는 귀한 존재가 되었습니다.

다윗은 어떻습니까? 성경은 물론이거니와 할리우드에서 만든 영화에서도 그가 어떻게 우리야의 아내를 자기 정욕대로 취했으며, 부정을 범한 뒤에 그 소행을 숨기려고 충성된 신복마저 죽이고자 꾀했는지에 대해 소상하게 보여 주고 있습니다.

그럼에도 불구하고 하나님께서는 그에 대하여 이렇게 말씀하셨습니다. "내가 이새의 아들 다윗을 만나니 내 마음에 합한 사람이라. 내 뜻을 다 이루게 하리라"(사도행전 13:22).

또 라합의 경우는 어떻습니까? 그야말로 변명의 여지가 없습니다. 그녀는 기생이었습니다(히브리서 11:31). 그녀는 돈을 벌기 위해 몸을 팔며 그 삶을 허비했습니다. 그런데도 그녀는 예수 그리스도의 족보 안에 들어 있습니다(마태복음 1:5).

이들은 결코 무슨 고결한 삶이나 굉장한 도덕성으로 말미암아 하나님께로부터 칭찬을 받을 수 있었던 것이 아닙니다. 하나님은 그들이 자기를 믿는 자들, 곧 믿음의 사람들이었기 때문에 의롭다는 증거를 주셨습니다. 결과적으로 그들은 하나님을 기쁘시게 했습니다. 그들이 하늘나라에 갔을 때 하나님께서 틀림없이 그들 각자를 맞으시며 "잘했다. 착하고 충성된 종아"라고 칭찬하셨을 것입니다.

모든 규칙을 지키고 모든 도덕규범을 준수한 자로서, 분투적이고 희생적이며 고결한 성자라고 하나님께 그런 칭찬을 듣는 것이 아닙니다. 불공평하다고요? 결코 그렇지 않습니다. 왜냐하면 하나님께서는 결코 당신의 의무감에 싸인 수고를 요구하신 적이 없기 때문입니다. 주님께서는 그의 능력과 사랑과 선하심으로 당신의 삶을 흡족히 채우길 원하시는데, 이 역사를 일으킬 수 있는 유일한 방법은 당신이 그를 믿는 것입니다.

믿음이 무엇입니까? 그것은 단순히 하나님께서 이루시리라고 약속하신 것과 기뻐하시는 것을 따라 당신이 행하겠다고 결심하는 것입니다.

당신의 삶이 채워지지 않은 필요와 충족되지 못한 소원

으로 어려움에 짓눌리고 문젯거리에 매여 침체에 빠져 있다면, 그것은 당신이 하나님을 앙망하는 대신 고개를 떨어뜨리고 있기 때문이 아닙니까? 하나님께서 난관이 전혀 없는 삶을 약속하신 것은 아니지만, 우리 대부분은 믿음을 활용하지 않음으로 말미암아 곤란을 자초하고 있는 것입니다. 당신이 하나님의 선하심을 기대하면서 당신에게 주신 그의 약속들을 근거로 하여 결정을 내리는 삶을 시작할 때, 하나님께서 당신의 평범한 삶을 특별한 모험으로 바꿔 주시는 것을 경험할 것입니다. 하나님은 믿음에 응답하시기 때문입니다. 단순히 하나님을 믿음으로써, 당신의 문제가 해결되고 당신의 잠재 능력이 온전히 발휘되는 것을 체험할 준비를 하십시오.

2
당신에게 필요한 전부는 하나님입니다

불타는 떨기나무 가운데 하나님께서 모세에게 나타나 애굽에서 종살이하는 이스라엘 자손들에게 가서 그들의 해방을 선언하라고 명하시던 때를 기억합니까?

"누가 나를 보냈다고 말하리이까?" 모세가 물었습니다.

하나님께서는 이렇게 대답하라고 하셨습니다. "스스로 있는 자가 나를 너희에게 보내셨다"(출애굽기 3:14).

수백 년 전부터 히브리 민족은 "스스로 있는 자"라 칭하는 하나님 이름에 그들의 당면한 필요들을 덧붙여 불러 왔기 때문에, 하나님께서는 그 이름이 능히 통할 줄로 아셨습니다.

아브라함은 하나님께 순종하여 그의 아들 이삭을 번제로 드리려고 모리아 산에 데리고 올라갔을 때 하나님을 여호와이레라 불렸는데, 이는 "하나님이 준비하시리라"(창세기 22:14)는 뜻입니다. 하나님께서는 실로 그대로 행하셔서 이삭을 대신할 수양을 준비하셨습니다.

하나님께서 이스라엘을 위한 승리의 기(旗)가 되셔서 대적 아말렉 족속을 물리치신 후에, 모세는 하나님을 여호와닛시 곧 "여호와는 나의 기"(출애굽기 17:15)라고 불렀습니다.

기드온은 하나님께서 자기를 불러 이스라엘을 미디안 족속의 속박으로부터 구원하라고 하실 때, 하나님을 여호와살롬 곧 "여호와는 평강이라"(사사기 6:24)고 불렀습니다. 기드온에게 한 가지 필요가 있었다면, 그것은 평강이었습니다. 왜냐하면 그의 마음은 두려움으로 가득 차 있었기 때문입니다. 그러므로 그는 그의 필요에 응답하시는 분이란 뜻으로 여호와는 평강이시라고 부른 것입니다.

기드온은 본래 영웅이 아니었습니다. 하나님께서 그를 불러내셨을 당시 그는 미디안 족속의 타도를 꿈꾸는 혁명당을 이끌고 있었던 것도 아니고 그렇다고 이를 위해 기도하고 있었던 것도 아닙니다. 그는 미디안 족속에게 들켜 쫓겨나거나 두들겨 맞을까 두려워 포도주 틀 곁에서 조심스레 가족이 먹을 곡식을 타작하고 있었습니다. 하나님의 사자가 그에게 나타나, "큰 용사여, 여호와께서 너와 함께 계시도다"(6:12) 하고 말했을 때, 그처럼 소스라치게 놀랄 수도 없었을 것입니다.

큰 용사요? 누구, 제가요? 당신 지금 사람을 잘못 보신

건 아닙니까? 틀림없이 이런 생각들이 기드온의 심중을 스쳤을 것입니다.

그러나 여호와께서 다시 그에게 확신을 주셨습니다. "너는 안심하라. 두려워 말라"(6:23).

기드온은 하나님께서 주시는 내적 평강의 원천을 믿음으로 받고 단을 쌓았으며 그 이름을 '여호와는 평강,' 즉 여호와 살롬(6:24)이라 하였습니다. 하나님께서는 그에게 평강을 주셨을 뿐만 아니라 후에 미디안 족속을 무찌르는 승리도 안겨 주셨습니다.

하나님께서 자신을 묘사하시며 사용하신 단어들은 어떤 천상의 철학 용어가 아니라 사랑, 목자, 떡, 물, 요새, 빛 등과 같이 세상에서의 실질적 필요들과 관련된 현실의 말입니다. 하나님께서 당신에게 원하시는 바는 하나님을 당신의 일상생활의 필요를 채우시는 분으로 믿는 것입니다.

바로 이 때문에 다음 말씀이 기록된 것입니다. "믿음이 없이는 기쁘시게 못하나니, 하나님께 나아가는 자는 반드시 그가 계신 것과 또한 그가 자기를 찾는 자들에게 상주시는 이심을 믿어야 할지니라"(히브리서 11:6). 이것은 하나님이 존재하신다는 사실에 겨우 수동적으로 고개를 끄덕이기를 원하신다는 뜻이 아닙니다. 귀신들조차도 그 사실은 믿고 떱니다(야고보서 2:19).

하나님께서 당신에게 원하시는 바는 하나님을 바로 당신 곁에 스스로 계신 분, 즉 당신의 모든 필요를 채우시는 완전한 자원이 되시는 분으로 여기는 것입니다.

한나는 구약의 여성인데 하나님을 자신의 완전한 자원으로 여기는 것에 관하여 온전히 이해하고 있었습니다. 한나의 남편은 엘가나였는데, 이 사람에게는 또 다른 아내가 있었습니다. 그러나 놀랍게도 그것이 한나에게 문제가 되지는 않았습니다. 그녀의 괴로움은 다른 한 여자 브닌나에게는 많은 자식이 있었는데 자기는 자식이 없다는 데 있었습니다.

그녀는 자식이 없는데다 브닌나가 밤낮으로 격동하여 번민케 하므로 마음이 심히 괴로웠습니다.

그러나 한나는 한 가지를 깨달았습니다. 곧 자식은 하나님의 선물이라는 사실이었습니다. 그래서 그녀는 가족들이 매년 여호와의 성막에 올라가는 기간에 곧장 하나님께로 가서 이렇게 서원했습니다. "주의 여종을 잊지 아니하사 아들을 주시면 내가 그의 평생에 그를 여호와께 드리고 삭도를 그 머리에 대지 아니하겠나이다"(사무엘상 1:11 참조).

그녀는 기도를 마치고 곧 집으로 돌아갔는데 이것으로 그녀의 갈등은 끝났습니다. 그녀는 자기 염려를 하나님의 공급의 능력 앞에 내려놓고 하나님께서 그 일을 이루어 주실 것으로 확신했기 때문입니다.

성경에는 "여호와께서 그를 생각하신지라"(1:19)라고 적고 있습니다. 때가 되어 한나는 아들을 낳아 사무엘이라 이름하였는데, 이는 "내가 여호와께 그를 구하였다"라는 의미였습니다. 그녀는 아들의 이름을 "내 남편이 내게 준

아들이라" 또는 "내가 스스로 아들을 얻었다"라는 뜻으로 붙이지 않았습니다. 그녀는 하나님을 그녀 자신의 완전한 자원으로 믿었던 것이며, 하나님은 그 믿음대로 주셨던 것입니다.

당신보다 하나님이 더 신뢰할 만하다

우리는 '스스로 해결하라'를 원칙으로 내세우는 시대에 살고 있기 때문에, 필요가 있을 때 먼저 하나님을 바라본다는 생각은 이해하기가 어렵게 되었습니다. 진로 지도를 받기 원하면 심리학자를 찾든지 적성 검사를 받고, 현금이 부족하면 곧장 은행이나 잘 아는 전당포로 달려가든지 아니면 호주머니를 뒤져 보아 가지고 다니던 신용카드가 있는지 살피고, 피곤하다 생각되면 약간의 커피를 마시든지 비타민을 복용하며, 외롭고 쓸쓸하다는 생각이 들면 동호인 모임을 찾든지 "친구 사귀는 법과 영향력 있는 인간관계"와 같은 주제의 강좌를 듣는 것이 보통입니다.

오해는 마십시오. 사실 저 자신도 유명한 데일 카네기의 인간관계에 관한 강좌를 수료한 사람입니다. 저는 이런 유의 자원들이 무용지물이라는 뜻으로 이야기하는 것이 아니라, 다만 당신의 필요를 충족시키고자 할 때 이런 것들에만 의존하면 심한 좌절 가운데 일이 더 꼬일 우려가 있다는 점을 경계하고자 하는 말입니다.

한 상담자가 그의 고객에게 이렇게 말하는 것을 들었습

니다. "믿음을 가지세요. 그러면 이 문제는 해결됩니다."
　예수님은 제자들에게 믿기만 하라고 말씀하시지 않고 하나님을 믿으라고 말씀하셨습니다(마가복음 11:22). 이것이 큰 차이입니다. 우리가 가진 믿음이라는 것이 자신의 돈 버는 재간, 교육 수준, 남편 또는 아내, 혹은 자신 등과 같이 잘못된 대상을 중심으로 한 믿음을 의미하는 경우가 많습니다.
　이스라엘은 앗수르의 침입을 받았을 때 바로 이와 같은 잘못을 범하여 하나님의 책망을 받았습니다.
　인간적인 관점에서 볼 때, 병거와 마병이 많은 쪽이 이긴다는 것은 당연한 논리의 귀결처럼 보였습니다. 이스라엘이 절대적으로 열세에 몰리고 있었으므로, 지도자들은 필요한 군사 장비 확보를 목적으로 애굽과 협정을 맺으려 했습니다. 아마 대부분의 사람들은 그들의 처사가 기발한 것이었다고 말했을지 모르지만, 하나님의 생각은 달랐습니다.
　"도움을 구하러 애굽으로 내려가는 자들은 화 있을진저. 그들은 말을 의지하며 병거의 많음과 마병의 심히 강함을 의지하고 이스라엘의 거룩하신 자를 앙모치 아니하며 여호와를 구하지 아니하거니와"(이사야 31:1).
　하나님께서는 그 자녀들을 구원하길 원하셨지만, 그들은 오히려 이방 민족에게 얼굴을 돌려 그들의 보호를 의뢰했습니다. 그 결과 하나님께서 미리 말씀하셨던 대로 이스라엘과 애굽이 모두 멸망하기에 이르렀습니다.

어떤 부인이 이런 말을 했습니다. "우리는 작년 부부 수양회 때 많은 것을 배워 큰 도움을 받았으므로 금년에도 다시 가고 싶어요. 하지만 제 남편이 보너스를 듬뿍 받지 못하면 아마도 힘들 것 같아요."

그녀는 자기 필요를 채우는 데 있어서 하나님보다는 보너스 자체를 의지하고 있었던 것입니다. 그들의 수양회 참석을 원하셨다면, 하나님께서는 봉급 인상, 재산 상속, 선물 등으로뿐만 아니라 그들이 전혀 꿈꾸지도 못하던 방법으로라도 해결책을 마련해 주실 수 있습니다. 하나님은 온갖 놀라운 것을 다 가지신 분입니다. 그러므로 하나님만을 당신의 완전한 자원으로 바라보고, 결코 당신 자신을 믿지 마십시오.

하나님의 자원은 무궁하다

아마 당신은 하나님을 신뢰하고자 하는 마음이 들면서도 한편으로는 한가닥 의심이 들지도 모르겠습니다. '하나님께서 내가 필요로 하는 것을 정말로 공급해 주실까' 하고 이리저리 재보는 식의 의심입니다.

한 부인이 그리스도인 사역자에게 찾아와 이런 말을 했다고 합시다.

"다 아시겠지만요, 필요한 것이 있을 때마다 저는 바깥양반의 봉급이 올라가길 기도할 뿐이에요."

"항상 그렇게만 되지는 않을 것 같은데요" 하고 그가

대답했습니다.

"물론 그렇지요. 하지만 필요한 것이 너무 많기 때문에 그러는 거예요" 하며 부인은 황급하게 답변하는 것이었습니다.

필요한 게 너무 많아 하나님께서 다 채우실 수가 없다고요? 모든 창조의 하나님께서 우리가 꿈꾸는 정도의 필요를 채워 주시지도 못할 정도로 자원이 부족하다는 이야기인데, 결코 그럴 수 없습니다! 가브리엘 천사가 매년 하늘 창고의 물품 명세서를 제출할 때 보면, 내용이 항상 똑같습니다. 즉 **모든 물품 무한정 공급 가능**이라고만 적혀 있습니다. 하나님께는 결코 부족함이 없습니다.

다윗이 시편 50편을 지을 때에 이스라엘 민족은 그들이 드리는 제사의 목적에 대해 혼동하고 있었던 것 같습니다. 그들은 하나님께 드리는 일이 마치 하나님이 가난하고 연로한데다 곤궁에 처해 계시므로 자기들이 호의를 베풀어 그를 도와주는 것인 양 생각했던 모양입니다. 물론 하나님은 그런 자들에게 쓴웃음을 지으셨습니다.

"내가 가령 주려도 네게 이르지 않을 것은 세계와 거기 충만한 것이 내 것임이로다"(시편 50:12). 그리고 이 말씀 앞에서는 "이는 삼림의 짐승들과 천산의 생축이 다 내 것이며"(시편 50:10)라고 하셨습니다.

내가 알기로 현재의 가축 시세가 당시와는 다르지만, 소 한 마리당 250불로 잡고 여기에 보통 크기의 산에 몰아넣을 수 있는 소 떼의 숫자를 곱해 보면 하나님께서 생각하신 것과 맞먹는 액수를 산정해 낼 수 있을 것입니다. 다음에는 그런 산이 1,000개가 있다고 생각하고 그 액수에다 1,000을 곱해 보십시오. 이것은 하나님의 부요의 빙산 일각에 불과합니다! 그러므로 당신이 필요로 하는 것이 그 액수를 초과하지 않는 한 하나님께서 과연 채우실 수 있을까 하는 의구심은 떨쳐 버리십시오.

어느 날 저녁 우리 가족은 식탁에 모두 둘러앉아 스키 여행을 떠나면 어떨까 토론하고 있었습니다. 나는 최종적으로 그럴 만한 돈이 없다고 말하는 수밖에 없었습니다. "그렇지만, 아빠, 우리 수표장이 있잖아요!" 10살 난 딸아이가 항변하듯이 말했습니다. 텔리가 그 수표장을 통해 나오는 돈의 출처가 바로 나라는 사실을 모르고 내놓은 아이디어였으므로 쓸모가 없었습니다. 그렇지만 그 애가 나의 수표장에 대해 가지고 있는 이미지로부터 당신이 하나님을 바라보는 관점에 대해 배울 수 있다는 점이 중요합니다. 하나님이 가지고 계신 예금 구좌에는 하늘과 땅의 모든 보화가 예치되어 있기 때문에 금전적인 재원뿐만 아니라 당신에게 필요한 모든 신체적, 정서적, 영적 자원까지 공급하실 수 있는 것입니다. 그러므로 무언가 일이 잘 안 풀리는 것 같을 때 당신은 하나님의 자녀이므로 "수표장"이 항상 당신 수중에 있다는 것을 기억하십시오. "나의 하나님이 그리스도 예수 안에서 영광 가운데 그 풍성한 대로 너희 모든 쓸 것을 채우시리라"(빌립보서 4:19).

복음성가 중에 "주님은 모든 것 하실 수 있네. 능치 못하

심 없네"라는 가사가 있는데, 여기서도 모든 것이라는 말
이 강조되고 있습니다.
 하나님은 사람을 변화시키시며, 돈을 공급하시며, 환경
을 바꾸시며, 기후를 다스리시고, 자녀를 주시며, 기쁨을
주시고, 당신을 사용하사 다른 사람들을 돕게 하실 수도
있습니다. 이것을 일일이 열거하자면 당신의 필요를 열거
한 것만큼이나 긴 목록이 될 것입니다. 이제 당신은 하나님
을 당신도 가질 수 있는 정도의 능력과 자원밖에 없는 분이
라고 여기는 억측을 버려야 할 필요가 있습니다.

하나님께서 당신의 완전한 자원이 되길 원하신다

아마 당신은 하나님이 크시며 당신의 모든 필요를 공급하
실 수 있는 분이심을 믿을 것입니다. 당신은 그가 능히
하실 수 있는 하나님이시라는 것은 알겠지만 진실로 당신
의 필요를 채워 주실지에 대해서는 혹 자신이 없을지도
모르겠습니다.
 당신은 혹시 하나님을 생각할 때, 은행에 돈을 넘치도록
쌓아 놓고서도 무슨 요청을 하면 "시끄러워! 이 엉터리
야!" 하고 소리치면서 거들떠보지도 않는 스크루지 영감
과 같은 모습을 떠올리고 있지는 않습니까? 또는 기도문을
충실하게 낭독하고, 가난한 자를 부지런히 돌보며, 교회에
빠지지 않고 출석하고, 품행이 단정하고 예절 바른 성도를
위해서만 하나님이 그 금고를 여실 것이라 생각하는 것은

아닙니까? 이제 당신은 의심의 장막을 걷어 제치고, 당신의 요청하는 바가 단순한 개인적인 소욕에서 나온 것인지, 진실로 필요한 것인지 그 여부를 분명히 해야 할 것입니다. 때로는 그 차이를 분별하는 것이 쉽지 않습니다.

바울은 이렇게 경고합니다. "너희는 이 세대를 본받지 말고, 오직 마음을 새롭게 함으로 변화를 받아…"(로마서 12:2). 우리 마음을 새롭게 해야 할 몇 가지 중요 영역 중 하나는 하나님에 대한 개념입니다. 하나님은 능히 당신의 완전한 자원이 되실 수 있을 뿐만 아니라, 진실로 그러길 원하십니다.

하나님은 주는 분이십니다. 하나님은 후히 주시는 분이며, 풍성하고도 아낌없이 그리고 즐거이 주시는 분입니다. 하나님은 주기를 좋아하시는데, 이것은 그의 본래 성품입니다.

야고보는 이렇게 말합니다. "각양 좋은 은사와 온전한 선물이 다 위로부터 빛들의 아버지께로서 내려오나니"(야고보서 1:17). 그러므로 오랫동안 자녀를 갖지 못하던 이웃이 곧 출산하게 된다든지, 당신의 크리스마스 보너스가 넉넉해서 평소 눈여겨보던 스테레오 전축을 살 수 있게 되었다든지, 또는 당신의 맏딸이 어느덧 테니스 팀에 들 수 있게 되었다든지, 아니면 사촌에게 주님을 증거할 수 있게 되었다든지 하는 이런 때가 곧 잠시 멈추어 서서, "이번에도 후히 주시는 하나님께서 함께하시는구나" 하고 기억할 때입니다. 모든 좋은 은사 곧 선물은 하나님께로부터 옵니다. 단지 하나님께 신뢰를 두지 않는다고 해서 실제로 하나님께 그만한 능력이 없는 것은 아닙니다.

우리는 때로 스스로 하늘에 계신 '위대하신 구두쇠님'을 섬기고 있다고 생각하기도 하지만 성경의 하나님은 그와는 정반대입니다. "하나님"과 "주다"라는 말은 성경에 너무나 빈번히 함께 연결되어 나오기 때문에 그 목록을 일일이 읽기에도 벅찰 것입니다. 주님은 용기와 힘과 도움과 승리를 주십니다(이사야 41장). 다윗은, 당신에게 나아갈 방향을 주시는 하나님을 능히 의지할 만하다고 선언하고 있습니다(시편 5:8). 주님은 지혜와 명철을 주십니다(잠언 3:19). 사도 바울은 하나님께서 "오직 우리에게 모든 것을 후히 주사 누리게"(디모데전서 6:17) 하신다고 말했습니다. 거의 모든 사람들이, 아마도 성경에서 가장 사랑받는 구절인, "하나님이 세상을 이처럼 사랑하사 독생자를 주셨으니…"(요한복음 3:16)라고 한 말씀을 알 것입니다. 이렇듯 일일이 나열하자면 끝이 없습니다.

하나님은 그저 주실 뿐만 아니라, 후히 주십니다. 당신은 바울이 전한바, 하나님께서 우리들에게 모든 것을 후히 주사 누리게 하신다고 한 것을 기억하고 있습니까? 주님은 지혜를 후히 주시며(야고보서 1:5), 풍성한 삶을 주시며(요한복음 10:10), 은혜를 또한 풍성히 주십니다(에베소서 1:7). 주님은 하늘 문을 열고 우리에게 복을 쌓을 곳이 없도록 부으리라고 약속하셨습니다(말라기 3:10).

내가 아는 위스콘신 주의 한 청년은 운동 바지 두 벌이 필요했지만 돈에 여유가 없어 주님께 구했습니다. 게다가 그는 몇 가지 조건도 덧붙였습니다. 즉 자신이 표준 체격이 아니기 때문에 자기 몸에 특별히 맞는 것으로 주시길 구했으며, 그가 가진 것이 대부분 푸른색 계통이라 이제는 이 색깔에 싫증이 났으므로 다른 색깔로 된 것을 원했습니다. 그리고 그는 기다렸습니다.

몇 달이 지난 후 그는 미니애폴리스에 있는 한 친구를 찾아갔는데 그가 이런 말을 하는 것이었습니다. "디크, 하나님께서 최근 내 마음속에 자네에게 운동복을 하나 사 주고자 하는 생각을 주셨거든. 괜찮다면 자네하고 같이 나가고 싶네."

디크에게는 괜찮은 정도가 아니었으므로 쾌히 응낙했습니다. 그날 그는 아주 훌륭한 옷을 얻었지만 그가 기도한 것과는 달랐습니다.

그 후로 몇 주 더 지나서 교회 문을 나서는데 한 사람이 말을 건네 왔습니다. "잠깐만, 디크, 이 교회 다니는 어느 부부가 우리 가게에 자네에게 줄 선물을 사 놓고 가셨는데, 내일쯤 와서 가져가면 어떨까?" 디크는 다음날 그 가게에 들러 평소 입을 수 있는 간편한 옷을 얻게 되었는데, 몸에 꼭 맞는데다 색도 갈색이었습니다. 결국 운동복을 하나 더 얻은 셈이 되었습니다.

디크는 하나님을 찬양하며 그의 기도가 응답된 것으로 여기고자 했지만, 하나님 편에서는 아직 끝난 것이 아니었습니다. 일주일 후 디크는 친구가 보낸 큼직한 소포 꾸러미를 받았습니다. 뜯어보니 안에는 헐거운 운동복 두 벌과 반바지와 셔츠 둘에다 재킷도 하나 들어 있었습니다. 그는 운동복을 구했지만 의복 일체를 받게 되었던 것입니다.

나는 부동산 소개업을 한 적이 있는데 한번은 굳게 믿고 있었던 매매 건이 완전 수포로 돌아갔습니다. 나는 실망이 되었지만 이것을 하나님께서 나의 사업에도 역사하시는 것을 확신하는 계기로 삼기로 하고, 나의 부동산 소개업을 축복해 주시도록 기도했습니다. 야고보서에서 보여 주듯이 아내 패티와 나는 하나님께 대한 믿음을 실증하는 뜻으로 같은 도시에 사는 곤궁에 처해 있는 다른 부부에게 100불을 주기로 작정했습니다.

그 일은 토요일에 있었는데 다음 주 월요일에는 집 좀 보자고 하는 손님이 여럿 찾아 왔습니다. 우리는 그들의 마음에 드는 집을 하나 발견하여 그 집에 대해 자세히 알려고 소개 명부에서 그 집의 소유주를 찾아 전화를 하게 되었는데, 이야기를 다 마칠 때쯤에 그 주인이 이렇게 덧붙이는 것이었습니다. "그런데 말이죠. 이 집을 팔아 주시면 100불을 더 얹어 드리겠어요."

나는 그 집의 매매 계약을 성사시키게 되어 소개료뿐만 아니라, 내가 하나님께 드렸던 100불을 도로 받게 되었습니다. 그러나 이것은 시작이었습니다.

한 친구가 와서 집 하나 구할 수 있느냐고 물으며 자기가 원하는 몇 가지 조건을 이야기했는데, 다 듣고 보니 때마침 지난 월요일에 어느 부부와 같이 돌아본 집이 그 조건에 꼭 맞는 것이었습니다. 그는 다음 화요일 아침에 그 집을 샀습니다. 수요일에는 다른 친구가 찾아와서 아담한 집을 하나 사고 싶은데 목요일까지는 계약을 하겠다고 말했습니다.

하나님께서는 수포로 돌아간 집 계약 건 하나에 해당되는 분량만 채워 주신 것이 아니라 한 주일 내내 매매 건수를 채워 주셨습니다.

하나님은 주시는 분이므로, 당신에게 구하라고 명하실 때 그 명령 다음에 "네가 받으리라"는 약속을 꼭 덧붙여 주십니다. 하나님께서는 "구하라. 그러나 좀 더 두고 보겠다" 또는 "구하라. 내가 좀 고려해 보겠다"라고 말씀하시지 않습니다. "구하라. 그러면 네가 꼭 받으리라"고 말씀하십니다. "구하라. 그리하면 받으리니 너희 기쁨이 충만하리라"(요한복음 16:24)고 예수님은 말씀하셨습니다. 하나님께서는 또 이렇게 말씀하십니다. "너는 내게 부르짖으라. 내가 네게 응답하겠고, 네가 알지 못하는 크고 비밀한 일을 네게 보이리라"(예레미야 33:3).

사랑은 주기를 좋아합니다. 1643년에 인도의 한 왕은 한 여인에 대한 자기의 사랑을 표현하기 위해 타지마할을 건축했습니다. 인간이 자기 사랑을 나타내는 데 그토록 후한데, 영원한 사랑으로 당신을 사랑하시는 하나님께서 그 사랑을 이보다 더욱 후하게 나타내 주시리라는 것은 너무나 당연합니다. 하나님이 원하시는 모든 것은 당신이 그를 의지하는 것뿐입니다. 우리가 가진 하나님에 대한 개념의 상당 부분을 부모님과의 관계로 이해할 수 있다고 한다면, 나의 부모님은 두 분 다 별명이 붙을 정도로 주는 일에 후하셨던 분들이므로, 나는 우선 하나님 하면 후히 주시는 분으로 생각하게 됩니다.

나의 양친께서는 우리들 육남매를 기르고 성공하기까지 뒷바라지하는 데 삶을 온전히 바치셨습니다. 지금까지도 고향 농장을 방문했다 떠나올 때면 꼭 20불 정도를 주머니에 넣어 주십니다. 그들은 우리의 쪼들리는 형편에 대해 들으시기만 하면 도와주고자 갖은 애를 쓰시기 때문에, 이것을 아는 우리는 우리 재정 문제를 말씀드릴 때는 상당히 조심스러워지게 됩니다. 그들이 우리 집을 방문할 때면 우리도 잘 대접해 드리고자 애쓰지만, 내가 몇 가지 목공일을 하고 있을 때 아버지께서 나를 도와주시는 것만큼 잘 해드리지는 못합니다.

예수님은 이렇게 말씀하셨습니다. "너희 중에 누가 아들이 떡을 달라 하면 돌을 주며, 생선을 달라 하면 뱀을 줄 사람이 있겠느냐?"(마태복음 7:9-10).

아이가 놀다 들어와 배고파할 때, 당신은 그에게 돌이나 뱀을 줍니까? 정반대입니다. 당신의 자녀가 참으로 배가 고파서 빵을 좀 달라 할 때, 식사 직전만 아니면 틀림없이 빵 한 덩이에 땅콩버터를 듬뿍 발라 통째로 줄 것입니다.

"너희가 악한 자라도 좋은 것으로 자식에게 줄 줄 알거든 하물며 하늘에 계신 너희 아버지께서 구하는 자에게 좋은 것으로 주시지 않겠느냐!"(마태복음 7:11).

밥과 켄은 둘 다 현재는 선교사인데, 몇 년 전 대학생 시절에는 아이오와 주에서 워싱턴 시까지 함께 여행하는 기회가 많았습니다. 그들은 돈이 없는데다 당시는 자동차 편승 여행이 합법적이었고 안전하기도 했으므로 에베소서 3:20 말씀을 주장하며 "우리의 온갖 구하는 것이나 생각하는 것에 더 넘치도록 능히 하시는" 하나님께 말씀대로 이루어 주시길 간구했습니다.

한번은 땅거미가 뉘엿뉘엿 몰려오는데, 아직도 목적지까지는 70마일이나 남은 노상에서 터벅터벅 걷고 있었습니다. 만약 다른 차가 속히 와서 그들을 태운 후 남은 거리를 단번에 질주하지 않는다면 꼼짝없이 길바닥에서 밤을 새야 할 판이었습니다. 그들은 기도했습니다.

그들의 기도가 채 끝나기도 전에 커다란 흑색 영구차가 한 대 멈추더니 운전사가 머리를 내밀고 어디로 가는 중이냐고 물었습니다.

"나는 당신들을 꼭 도와주고 싶지만, 30마일을 가서는 다른 길로 들어서게 돼요. 아무튼 거기까지라도 함께 가봅시다!" 그들은 일단 그 차를 탔고 그 다음은 하나님께서 어떻게 하실지는 미지수였습니다.

그들은 그리 멀리 안 가서 운전사도 전에 가보지 못한 지름길로 접어들어 달려 보기로 했습니다. 그들은 몇 마일이고 계속 달렸습니다. 마침내 그들은 어떤 도시로부터 흘러나오는 불빛을 보게 되었습니다. 그런데 거기가 바로 그들이 가려고 하던 바로 그 도시였습니다. 하나님께서는 밥과 켄이 목적지까지 갈 수 있도록 하기 위해서 영구차로 40마일 더 달려야 할 것을 "원래 없던 것처럼" 단축시켜 주셨던 것입니다.

그 여행의 마지막 날 그들은 차를 기다리며 하나님께서 자기들의 필요를 채우시고자 행하신 모든 일을 되새겨 보았습니다. 둘은 이제야 말로 "여유 있는" 승차를 위해 기도할 때라 생각되었고 그것이 실제 어떤 것일까 상상해 보았습니다. 아마 천장이 높고 좌석이 매우 넓은 자동차는 아닐까 하는 생각도 들었습니다. 그러나 무조건 좌석이 넓은 자동차 정도가 아니고 훌륭한 고급차라야 한다고 생각했습니다.

그들이 기도를 마치자마자 곁에 자동차가 하나 다가와 서더니 타라고 했습니다. 어쩌면 그렇게 꼭 맞는지. 그것은 좌석이 아주 넓은, 천장이 높고 온통 검은색 가죽으로 내부 장식이 되어 있는데다가 겉은 눈이 부실 만큼 흰 크라이슬러 자동차였습니다.

하나님은 당신에게 주기를 즐겨하십니다. 시편 23편을 읽고 하나님께서 우리에게 해주고 싶어 하시는 것들을 모두 적어 본 적이 있습니까? 그는 필요를 채워 주시고, 먹이시며, 휴식을 주시고, 소생시키시며, 안위하시고, 변호해 주시며 그 밖에 갖가지 일을 해주십니다.

하나님이 선하시며 후하시므로 그의 명령은 무거운 것이 아닙니다. 그의 명령이 당신에게 무거운 것이라면, 당신이 성경의 하나님이 아닌 다른 하나님을 섬기려고 애쓰고 있기 때문일 것입니다. 그렇다면 당신은 스스로, 엄격하기만 하고 용서를 모르며 징벌을 일삼고 허황된 것을 기대하는 신을 창조해 낸 것입니다. 지금이야말로 당신의 마음을 새롭게 하여 하나님을 바라보고 사실 그대로의 하나님을 발견할 때입니다. 어쩌면 당신은 자신을 개방하여 하나님의 사랑을 받는 것이 급선무인지도 모릅니다. 네비게이토 선교회의 론 쎄니 회장은 "당신이 하나님을 위해 무언가 하려고 애쓰기 전에 하나님께서 당신을 위해 무언가 하시도록 하십시오"라고 말했습니다.

하나님은 당신이 잘못한 때에도 사랑하십니다. 누구든지 자신이 바르게 행동할 때 하나님이 주신다고 믿기가 쉽습니다. 그런 때라야 당신 자신이 가치 있다고 여겨지는 것입니다. 하나님의 선하심과 돌보심에 대한 당신의 믿음이 흔들리는 때는 당신이 그릇 행했을 때입니다.

그럴 때면, 우리가 좋은 것을 받는 것은 우리 선행 때문이 아니라 우리가 선하신 하나님께 속한 자이기 때문이라는 사실을 믿을 수 없게 됩니다. 그리하여 우리가 죄 가운데 있어서 하나님의 사랑의 보살핌이 특히 필요한 때인데도 우리는 스스로 그만한 가치가 없다고 여기며 하나님의 도움을 요청하지 않는 것입니다.

우리 아이들이 "날 사랑하심"이라는 찬송가를 배우기 시작했을 때, 아내와 나는 널리 알려져 있지는 않지만 누구나 부를 수 있는 다음과 같은 내용의 가사를 가르쳐 주었습니다. "내가 착할 때에도 예수 사랑하시고, 걱정 근심 끼쳐도 마냥 사랑하시네."

하나님은 이렇게 선언하십니다. "나 여호와가 말하노라. 너희를 향한 나의 생각은 내가 아나니 재앙이 아니라 곧 평안이요, 너희 장래에 소망을 주려 하는 생각이라"(예레미야 29:11). 하나님의 선하심은 당신에게 달려 있지 않고 하나님 자신에게 달려 있기 때문에, 모든 일에 하나님께서는 당신에게 인자와 사랑을 주고자 하십니다. 당신은 변해도 하나님은 변치 않으십니다.

하나님은 당신의 완전한 자원이 되길 원하십니다. 그는 당신이 매일 다윗이 가졌던 태도를 가지고 살아가기를 원하십니다. "여호와는 나의 목자시니 내가 부족함이 없으리로다"(시편 23:1).

당신이 필요로 하는 모든 자원을 가지고 계시는 하나님은 합당한 자원이 되시며, 더욱이 하나님께서는 당신에게 주시기를 기뻐하십니다. 하나님은 당신이 생각하는 것보다 더 후하십니다.

3
상은 지금 이곳에서도 받습니다

당신이 다른 사람들에게 어떤 일에 대한 동기를 부여해 줄 수 있는 가장 신속한 방법은 그 일에 마땅한 보상 또는 상을 주는 것입니다.

콜로라도스프링스에 있는 한 부동산 회사에서는 정상급 영업 사원들에게 1년에 한 번씩 라스베이거스로 휴가 여행을 보내 줍니다. 그들은 주택 판매를 촉진하기 위해서는 사원들에게 회사에 대한 충성심을 요구하는 것만으로는 되지 않고 어떤 보상이 있어야 한다는 것을 잘 알고 있는 것입니다. 이 원리는 개를 훈련시키는 데에도 적용됩니다. 우리 개 샤스타가 매번 재주를 부릴 때마다 그에게 우유로 만든 뼈 모양의 비스켓을 상으로 주었더니 그리 힘들이지 않고 훈련을 잘 시킬 수 있었습니다. 상은 좋은 동기 유발

제입니다.

　하나님께서도 이것을 아십니다. 하나님은 이 원리를 자기 자녀들에게 수백 년 동안 사용해 오셨습니다.

　"믿음이 없이는 기쁘시게 못하나니, 하나님께 나아가는 자는 반드시 그가 계신 것과 또한 그가 자기를 찾는 자들에게 상주시는 이심을 믿어야 할지니라"(히브리서 11:6).

　나는 하나님께서 그가 무엇보다도 원하시는 일, 즉 하나님을 믿는 일을 할 때 우리에게 어떻게 보상해 주시는지를 1960년 오키나와에서 경험했습니다.

　나는 당시 군인들을 대상으로 선교하고 있었는데 내가 돕고 있던 세 젊은이가 월드비전 선교회에서 후원하는 동경 전도 집회에 대해 듣게 되었습니다. 집회는 그 달 안에 개최될 예정이었습니다. 우리는 참석에 관련된 문제를 검토해 보고 이들 세 명이 그 모임에 참석하기 위해서는 10일간의 휴가가 필요하다는 것을 알고 그 가부를 확인해 보았습니다. 단과 에베레트에게는 문제가 없었지만 짐의 경우는 달랐습니다. 짐은 공수부대에 있었는데 그의 부대는 마침 라오스와 베트남이 세계의 불씨로 드러나기 시작할 때쯤에 증원 부대로 대기 중이었습니다. 그의 부대는 지난 2개월 동안 24시간 비상 대기 상태에 들어가 있었고 여차하면 현지로 투입될 준비가 완료되어 있었습니다. 따라서 휴가가 금지되었던 것은 너무나 당연했습니다.

　짐은 휴가 문제를 그의 소대장에게 알아보았지만 한마디로 거절당했습니다. 우리는 부대 군목에게도 찾아가 사정을 해보았습니다. 그는 형편은 이해가 되지만 상황이 너무도 긴박하므로 어느 누구도 외출이 불가능하다고 대답했습니다. 설사 휴가 허가 조치가 내려진다 해도 고참에게 우선권이 주어지기 때문에 고작 일등병인 짐으로서는 별 가망이 없었습니다. 설사 그의 계급이 높았다 해도 별 소용 없었던 것은 당시 사정은 휴가 허락이 나려면 몇 날 며칠이고 기다려야 했으므로 하사관급들도 밀린 휴가를 떠내려 보내기가 일쑤였기 때문입니다. 우리는 맥이 풀렸습니다.

화요일 아침이 출발 예정 시간이었으므로 우리는 일요일 저녁에 여행사에 찾아가서 일본행 비자 신청서를 냈습니다.

"어떻게 하면 좋죠?" 짐이 우리들에게 물었습니다. "지금까지 부탁해 봤던 사람마다 다 거절했지만, 하나님께서는 참으로 제가 형제들과 함께 이번 전도 집회에 참석하길 원하신다는 것을 믿습니다."

나는 단과 에베레트를 쳐다보며 말했습니다. "우리는 짐이 참석하지 못할 이유가 없다고 봐요. 하나님께서 꼭 역사하실 거요."

짐은 비자 신청서를 움키듯 집어 들고서 써 내려 가기 시작했습니다. 우리는 여행사를 나와 단의 막사로 돌아와서는 그의 침대 주위에 둘러 앉아 무릎을 꿇고 짐이 전도 집회에 참석할 휴가를 얻을 수 있게 해주십사고 하나님께 간구했습니다.

두 형제는 남고 짐은 나와 함께 그곳을 나와 내가 숙소까지 그를 차로 데려다 주는 동안 긴 침묵을 지켰습니다. 한참 후에 가서야 그는 말문을 열었습니다. "함께 기도하긴 했지만 다음에는 제가 어떻게 해야 할지 모르겠습니다."

나에게도 해답은 없었습니다. 하지만 논리적으로 볼 때, 그가 우리와 함께 오는 화요일에 출발하려면, 다음날에는 일단 중대의 허락을 받고 휴가증을 발급받아야 할 것 같았습니다.

짐은 차에서 내려 막사에 이르자마자 그의 관물을 내려 정리하고 기타 물품은 침대 밑 사물함에 넣어서 다음날 보급 창고에 자기 관물을 맡길 준비를 했습니다.

막사 안에 적지 않은 동요가 일었는데, 이는 '짐이 기도하더니 자기가 일본에 가도록 하나님이 휴가를 내려 주실 것이라고 자신하고 있다' 하는 소문이 순식간에 동료들 가운데 퍼졌기 때문이었습니다.

한 동료 병사가 이렇게 소리쳤습니다. "이봐, 그래프, 난 네가 휴가를 얻어 낸다면, 정말이지 하나님이 있다는 것을 믿겠어!"

다른 한 친구가 맞장구쳤습니다. "그럼, 그렇게만 되면 나도 너 따라서 교회에 가겠다."

다음날 아침 짐은 그의 소대장에게 가서 일본에 꼭 가야겠다는 사정과 다음날 배가 떠난다는 이야기를 했습니다. 소대장은 고개를 가로저으며 대꾸했습니다. "이것 봐, 그래프 일병. 이 휴가 건에 대해서는 이미 안 된다고 했잖아.

잊었나? 휴가는 절대 금지란 말이야."

짐은 소대장을 똑바로 쳐다보면서 대답했습니다. "소대장님, 만약 이 일이 이루어진다면 순전히 하나님께로 말미암은 것입니다."

소대장은 능글맞은 웃음을 띠고 뒤돌아보며 말했습니다. "그래프, 정말 그렇게 된다면야 하나님께로 말미암은 것이 **틀림없지**."

이때로부터 몇 시간가량 지난 즈음에 짐의 한 친구가 D중대 중대장실에서 청소를 하고 있었습니다. 전화벨이 울리는데 마침 아무도 없어서 그가 전화를 받게 되었습니다. "여기는 작전처입니다. 오늘부로 휴가 허가 지시가 내렸다고 전해 주십시오."

그는 허겁지겁 돌아다니다 마침내 짐을 발견하고는 들은 내용을 그대로 이야기했습니다. 그리하여 짐은 소대장에게 갔고, 소대장은 D중대 사무실로 가 조회를 했습니다. 그는 중대본부를 나오면서 짐을 쳐다보고는 자기 엄지손가락으로 하늘을 가리켰습니다. 그는 감격한 나머지 손수 허가증을 타자해서 짐에게 주면서 시간을 내줄 테니까 직접 인사과에 가서 절차를 밟으라고 했습니다.

짐이 허가증을 꺼내어 인사 장교의 책상 위에 내려놓자 그 장교는 불쾌하다는 듯이 그를 쳐다보았습니다. "왜 자네가 이런 걸 가져왔지? 우리는 최근 몇 주 동안은 휴가를 보내 준 적이 없단 말일세."

짐은 들은 내용을 설명하려고 애썼지만 장교는 자기 생

각만 고집했습니다. "들어 봐, 일병. 만약 작전처에서 휴가를 보내기로 결정했으면 먼저 우리 쪽에 통보하지 자네 중대가 아냐. 휴가에 관한 모든 사무는 우리 소관이라구. 우리는 아직 아무런 연락도 받은 바가 없단 말이야."

그때 한 대령이 들어오면서 이들의 이야기를 듣더니 이렇게 말하는 것이었습니다. "그 문제라면 내가 직접 작전처에 문의해 보겠네." 그가 확인해 본 결과 휴가가 허용된 것이 분명해졌습니다. 나중에 안 사실이지만, 그 지시는 보통 때 같으면 반드시 거치는 중간 절차를 거치지 않고 본부로부터 짐의 친구에게까지 직접 내려온 셈이 되었던 것입니다.

짐은 하나님께서 자기에게 이루어 주신 일이 너무나 감격스러워 자기도 모르게 한 준위에게 그 이야기를 꺼냈습니다. 그 준위는 놀라움을 금치 못하며 말했습니다. "이보게, 일병, 난 이해가 안 되네. 사실 나로 말하면 목사님의 딸과 결혼했지만 이 같은 일은 내게 한 번도 일어난 적이 없거든!"

하나님께서는 짐을 돌아보셔서, 자기를 믿는 한 사람의 믿음을 보시고, 그의 믿음에 대하여 상을 주셨던 것입니다.

하나님이 상을 주시는 방법

습득한 돈지갑을 돌려주면 사례금을 받을 경우가 있습니다. 일을 뛰어나게 하면 당신의 고용주는 승진으로 보상해 줄 것입니다. 믿음에 대한 하나님의 보상, 사례, 또는 상은 어떤 것일까 생각해 보신 적이 있습니까? 그 상은 현금이나 트로피 또는 표창장일까요, 아니면 또 다른 무엇일까요?

하나님의 상급은 하늘나라에 있는 면류관뿐만이 아니며, 당신이 하나님의 뜻 가운데 있을 때 하나님께서 당신에게 필요한 것, 당신이 관심을 기울이는 것, 또한 당신이 매우 갖고 싶어 하는 것을 공급하시는 것도 곧 하나님의 상급이라고 성경은 말하고 있습니다.

그는 당신의 필요를 따라 상을 주시겠다고 약속하셨습니다. 우리가 섬기는 하나님은 그리스도 예수 안에서 영광 가운데 그 풍성한 대로 우리의 모든 쓸 것을 채우시는 분이십니다(빌립보서 4:19).

여기서 바울이 당신의 모든 쓸 것이라고 말한 점을 주목하십시오. 하나님께서는 당신이 "영적인" 필요에 대해서는 하나님을 의지하되 여타 다른 것들에 대해서는 스스로 해결하도록 하는 식의 계획을 세우신 적은 결코 없습니다. 그는 당신에게 있는 모든 영적, 신체적, 정서적 필요들과 기타의 모든 필요들을 완전하게 채워 주시고자 계획하셨습니다. 당신의 할 일은 당신의 필요가 무엇인지 결정하는 것이며, 하나님의 일은 그 필요를 채우시는 것입니다.

몇 년 전 나는 네브래스카 주의 노스플래트 근처에 마라나다 성경 캠프를 창시한 아이반 올센 박사와 함께 일한 적이 있는데, 그는 참 믿음의 사람이었습니다. 나는 그의 곁에 있은 지 얼마 안 되어 자기 자녀의 쓸 것을 공급하시는 하나님에 대하여 새삼스럽게 배울 수 있었습니다.

어느 날 그가 캠프의 식당과 주방을 점검하고 있을 때 그와 동행하던 한 사람이 물었습니다. "올센 목사님, 하나님께서는 목사님의 필요를 어느 정도까지나 공급해 주신다고 생각하며 그 기대하는 정도를 어떻게 결정하십니까?"

올센 박사는 잠시 멈추었다가 이렇게 대답했습니다. "저는 마라나다 캠프를 시작할 때 그것이 하나님의 일임을 깨달았지요. 그래서 저는 제 할 일이 현재 필요한 것을 산정하고, 다음에는 적절한 행동으로 옮겨, 필요한 자재들을 주문하고 건물 신축을 시작하는 것임을 알았습니다. 이 종합 캠프에 있는 모든 건물은 수중에 일전 한 푼 없이 믿음으로 짓기 시작한 것입니다. 이것은 저의 일이 아니라 하나님의 일이기 때문에, 재원이든 목수든 아니면 식료품이든, 필요한 것을 산정하는 일은 제가 하고 공급은 하나님께서 맡아 주셨습니다."

당신의 필요를 조사하여 결정하는 것은 당신의 일이고, 그 필요를 공급하는 것은 하나님의 일입니다.

그렇지 않다면, 당신은 "너희는 먼저 그의 나라와 그의 의를 구하라"(마태복음 6:33)고 하신 예수님의 명령을 읽고 심한 좌절에 빠졌을 것이 틀림없습니다. 필요한 것은 필요한 것입니다. 당신이 어떤 일을 하겠다는 결의를 보일 수는 있지만, 한 주일 내내 끼니를 제대로 해결하지 못했다든지 방세를 제대로 지불하지 못하여 쫓겨날까 염려하는 처지에 있다면, 자신의 실제 관심을 하나님 나라의 일에 두기란 대단히 어려울 것입니다.

하나님은 그것을 아십니다. 그는 "우리의 체질을 아시며 우리가 진토임을 기억하시는"(시편 103:14) 분이십니다. 하나님은 당신의 인성을 완전히 아시며, 당신이 한꺼번에 두 가지 일을 할 수 없다는 사실을 잘 아십니다. 당신은 자신의 필요를 채우는 책임을 떠맡으면서 동시에 다른 사람들의 필요를 채우는 하나님의 일에 온전히 동참할 수는 없습니다.

이것이 예수님의 메시지에 들어 있는 의미의 모든 것입니다. 당신의 필요를 채우고자 하시는 하나님의 계획이 바로 예수님의 산상수훈 중반부에 들어 있습니다.

"그러므로 내가 너희에게 이르노니, 목숨을 위하여 무엇을 먹을까 무엇을 마실까, 몸을 위하여 무엇을 입을까 염려하지 말라. 목숨이 음식보다 중하지 아니하며, 몸이 의복보다 중하지 아니하냐?"(마태복음 6:25).

이어서 예수님은 왜 우리가 염려할 필요가 없는지에 대해 말씀하십니다. 하나님은 새를 먹이시며 꽃에게 아름다운 옷을 입히십니다. "오늘 있다가 내일 아궁이에 던지우는 들풀도 하나님이 이렇게 입히시거든 하물며 너희일까 보냐. 믿음이 적은 자들아"(마태복음 6:30).

"이는 다 이방인들이 구하는 것이라. 너희 천부께서 이 모든 것이 너희에게 있어야 할 줄을 아시느니라. 너희는 먼저 그의 나라와 그의 의를 구하라. 그리하면 이 모든 것을 너희에게 더하시리라"(마태복음 6:32-33).

하나님이 없는 사람과 당신의 차이점은 어디에 자신의 에너지를 쏟느냐에 달려 있습니다. 불신자들은 자기의 기본적인 인간적 필요를 채우는 데 자신의 전 생애를 소비합니다. 직장에 나가 돈을 벌고 그 돈으로 집을 마련하고 음식을 장만하며 이것을 먹고 힘을 얻어 다시 직장에 나가 돈을 벌어 그것으로 끼니를 때우고 또 힘을 얻어 직장에 가고 … 이런 식의 다람쥐 쳇바퀴 도는 듯한 수고는 어리석을 따름입니다.

그러면 그리스도인으로서 당신은 어떻게 해야 합니까? 하나님께서는 당신이 필요한 것이 있을 때 하나님께 맡겨서 당신의 믿음에 대한 상으로 하나님께서 그런 것들을 공급해 주실 것을 기대하며 사는 삶을 원하십니다.

내 친구 마이런 러쉬는 우리의 갖가지 필요는 우리를 좌절시키기 위해서가 아니라, 이것들을 하나님께 갖다 맡김으로써 하나님께서 역사하시는 것을 볼 수 있게 하기 위하여 주어진 것이라는 사실을 경험을 통해서 직접 배우게 되었습니다.

마이런은 가족과 함께 콜로라도 주의 그랜드정션으로 이사하게 되어 그곳에 새 집을 짓기로 했습니다. 당초 건축업자와 타결을 본 계약에 의하면 공사를 시작할 때 500불을 주고 6월에 공사가 끝나면 나머지 2,000불을 지급하기로 되어 있었습니다. 1월에 계약이 마무리되어 곧 인부들은 공사를 시작했습니다.

그들은 공사를 착착 진행시켰습니다! 건축 공사 준공 예정일보다 60일 전에 마이런은 건축업자로부터 전화를 받았습니다. "러쉬 씨, 좋은 소식입니다. 당신의 집이 예상보다 빨리 완성될 것 같습니다. 곧 입주도 가능할 겁니다."

그것은 건축업자에게는 좋은 소식이었는지는 모르지만 마이런에게는 낭패스러운 소식이었습니다. 그는 가지고 있던 모든 돈을 당시 시작하고 있던 사설 경영자 훈련 학원 일에 투자하고 있었기 때문에 공사가 마무리되면 지불하기로 애초에 약속했던 2,000불이 수중에 없었습니다. 그리하여 그는 이 문제를 가지고 하나님께 나아가 필요한 돈을 공급해 주시도록 간구했습니다.

며칠도 못 되어 그 응답은 바로 신문지상을 통해서 주어졌습니다. 주택을 새로 구입하는 사람들에게 세금을 환불해 주는 조치가 대통령 서명으로 법제화되었는데, 때마침 마이런에게는 그 자격 요건이 구비되어 있었던 것입니다. 그런데 환불액이 얼마였느냐고요? 글쎄, 그게 꼭 2,000불이었습니다. 하나님께서 자기의 한 자녀를 위해 미국 의회에 영향력을 행사하셨다고 나도 굳이 말하지는 않겠지만, 누구라도 이에 대한 마이런의 확신을 흔들리게 할 수는 없으리라고 생각합니다.

척에게 필요한 것은 동절기에 갈아 끼울 스노타이어였습니다. 이 스노타이어가 없으면 콜로라도 주에서는 겨울철에 마음대로 차를 몰고 다닐 수가 없습니다. 그는 이것을 살 만한 돈이 없었으므로 기도했습니다. 하나님께 공급해 주시길 구한 지 3주 후에, 척은 믿음으로 나아가야 할 때가 왔다고 마음먹었습니다.

척은 시내로 나가는 한 친구에게 타이어 좀 구입해 달라고 부탁하면서, 하나님께서 비용을 충당해 주시리라 믿고, 물품 대금 대신 백지 수표를 건네주었습니다. 그가 직장에서 돌아와 우편함을 열어 보니 보낸 이의 주소가 적히지 않은 편지가 와 있었습니다. 그런데 그 편지에 30불이 동봉되어 있었습니다. 저녁때가 되어 그의 친구가 차에서 타이어를 내려놓으며 건네준 영수증에 타이어 대금이 30불 70센트로 적힌 것을 보고도 척은 전혀 놀라지 않았습니다.

당신에게 필요한 것들을 열거해 볼 때, 집세나 스노타이어 따위는 문제가 되지 않을지도 모릅니다. 그러면 당신이 경영하는 사업은 어떻습니까? 어떤 인사 문제가 있습니까? 아니면 자금 사정이나 생산 과정에 문제가 있습니까?

아이오와 주에 있는 한 건설회사의 사장이 회사 자금난으로 시달리고 있었습니다. 그는 흑자 운영을 위해 온갖 수단을 다 시도해 보다가 결국 자신에게 필요한 것이 이 자금이라는 점과 스스로는 이 필요를 잘 채울 수 없다는 것을 알았습니다. 그리하여 그는 이 문제를 하나님께 가지고 나아가 하나님께서 역사하여 주시도록 요청을 하였습니다.

그는 후일 나에게 이렇게 전해 왔습니다. "회계 장부를 통해 60일이 지나기 전에 자금 사정이 호전된 것을 알 수 있었습니다." 하나님께서는 당신의 필요를 채워 주심으로써 당신의 믿음에 대한 상을 주십니다.

건강이 필요합니까? 아니면 해결되어야 할 가족 문제가 있습니까? 또는 얼마간의 시간적 여유가 필요합니까?

몇 년 전 나는 심한 압박감에 억눌리고 있다가, 마침내는 아내와 함께 짧은 휴가 여행이 필요하다는 결론에 이르렀습니다. 당시 우리는 워싱턴 주의 스포캔에 살고 있었는데 캐나다의 브리티시컬럼비아 주에 사는 한 친구가 자기 양친의 오두막 별장으로 일종의 "피신" 여행을 오라고 제안했습니다. 그래서 나는 이 휴가를 꾸리는 일은 어렵지 않겠다고 생각했습니다. 그의 양친은 주말에만 이 오두막을 사용했기 때문에 한 주일 정도는 우리가 그곳에서 보낼 수 있으리라 생각되었지만, 나는 재차 확인하는 뜻에서 그에게 전화를 걸어 보았습니다.

"러쓰, 참 미안하네. 공교롭게도 나의 양친께서 자네가 쓰기로 한 그 주간에 오두막을 쓰실 계획인데, 난 참 이해가 안 되는 걸. 그분들이 평일에 그곳에 가셨던 적은 여태껏 한 번도 없었으니 말일세."

그리하여 나는 어쩔 수 없이 하나님께 나의 필요를 들고 나아갔는데, 나 혼자 힘으로 추진하려던 계획이 박살나 버렸기 때문입니다.

그러던 중에, 어쩌면 당연하지만, 우리가 아는 한 아가씨가 아내 패티에게 전화를 걸어 왔습니다.

"여보세요, 패티 아줌마세요? 아줌마와 러쓰 아저씨를

생각하던 중에 저의 부모님께서 오리건 해변에 오두막 별장을 하나 가지고 계신다는 것을 미처 말씀드리지 못한 것이 생각났어요. 아무 때나 원하는 시간에 사용하시겠다면 대대적으로 환영하겠어요."

우리는 우리 스스로 구하려고 애쓰던 초라한 오두막 정도를 생각하며 여행을 떠났습니다. 하지만 하나님께서는 일단 필요를 채우실 때면 풍성하게 채워 주십니다. "오두막"이라던 것은 사실 침실만도 셋이나 되는 대저택으로 스포캔에 있는 우리 집을 팔아야 겨우 살까말까 한 정도의 호화 별장이었습니다. 하나님은 나의 휴가 여행을 나 자신보다 훨씬 훌륭하게 준비해 주시는 분이라는 사실을 나는 금방 깨달을 수 있었습니다.

하나님께서 당신의 삶 속에 때로 궁핍한 상황을 허락하시는 것은 결코 당신을 실망시키려는 것이 아닙니다. 하나님께서 그런 필요들을 허락하신 것은 당신이 하나님께 맡기기만 하면 하나님께서 당신을 위해 역사해 주신다는 것을 보여 주는 기회로 삼기 위한 것입니다. 하나님은, 당신이 필요한 것이 있어 그것을 하나님께서 해결해 주시도록 맡길 때, 이러한 당신의 믿음을 보상해 주십니다.

하나님은 당신이 마음을 쏟고 있는 관심사를 들어주십니다. 관심사란 애매한 말이 아니라 당신의 마음에 부담이 되고 염려가 되는 제반 사항을 가리킵니다. 다윗은 이렇게 말하였습니다. "여호와께서 내게 관계된 것(관심을 끄는 것)을 완전케 하실지라. 여호와여, 주의 인자하심이 영원하오니 주의 손으로 지으신 것을 버리지 마옵소서"(시편 138:8).

자기 짐을 하나님께 가지고 나아가는 자를 상주시는 하나님에 대하여 잘 보여 주는 예는 느헤미야입니다. 느헤미야의 양친은 바벨론에 포로로 잡혀 왔었는데, 느헤미야 자신은 바사 왕의 술 관원이 되었습니다. 이 때문에 그는 먼 데를 여행하는 사람들과 쉽게 접촉할 수 있었고, 마침내 하루는 유다에서 온 몇 사람을 만나게 되었습니다. 그는 그들에게 그곳 형편을 애타게 물어 보았습니다.

그때 들은 소식은 극히 슬픈 것들이었습니다. 예루살렘 성이 훼파되고 성문은 불에 탔으며 백성들은 큰 환난을 당하게 되었다는 등의 마음 아프게 하는 이야기뿐이었습니다. 느헤미야처럼 자기 나라를 사랑하는 사람으로서는 이런 소식을 듣는 것조차 괴로웠지만, 그런 중에도 그는 이제 무엇을 해야 할지를 알고 있었습니다.

그는 자기 마음의 큰 짐을 하나님께 나누고 자기의 죄를 자백하고 하나님께서 친히 역사해 주시길 구했습니다. 하나님께서는 그의 믿음에 대하여 상을 주셨습니다.

전에는 얼굴에 수색이 없던 느헤미야가 슬픈 기색을 띤 것을 보고, 아닥사스다 왕은 무슨 영문이냐고 물었습니다. 그는 하나님께 조용히 기도하고, 숨을 크게 들이쉰 뒤, 두 번이나 침을 삼키며 목을 가다듬은 다음에야 예루살렘에 대한 자기의 근심을 이야기했습니다. 느헤미야는 그때 "내가 크게 두려워"(느헤미야 2:2)하였다고 시인하고 있습니다.

그러므로 왕의 대답을 듣고 느헤미야만큼 깜짝 놀랐던 사람도 없었습니다. "그러면 가서 그 일을 하도록 하라. 물자는 짐이 공급하리라. 속히 서둘러 행하되 이곳에 있는 네 백성들을 모아 함께 가서 예루살렘 성을 중건하라."

한 나라 황제가 피정복국가의 재건을 돕고, 그것도 자기 포로 중 한 사람의 손에 맡겨 두는 것은 도저히 있을 수 없는 일입니다. 아닥사스다 왕은 아마 이런 식으로 생각할 수도 있었을 것입니다. 이 유대인들이…, 틀림없어! 이들이 자기네 나라를 재건하려고 꾀하고 있구나. 무슨 일이 일어날지 뻔하군. 자기네 나라를 재건하면-그것도, 물론 내 재산으로- 느헤미야가 거기 남은 자들을 규합하여 나를 대적하겠지. 삼척동자라도 그 속셈을 알겠다. 내가 그 정도도 눈치 채지 못할 백치인 줄로 생각하나 보지?

그러나 왕은 그런 식으로 생각하지 않고, 느헤미야를 보내 주었습니다. 하나님께서 그 해결책을 마련해 주신 것은 느헤미야가 그의 마음에 안고 있던 짐을 올바른 방법으로 처리했기 때문입니다.

봅은 우리 교회의 한 교인인데 봉사의 삶에 큰 관심을 기울이고 있었습니다. 그에게는 실제적인 마음의 문제가 하나 있었습니다. 그의 삶이 폭넓은 영향력을 미치고 있었고 다가오는 장로장립식이 자신이 봉사의 삶을 효과적으로 사는 계기가 되리라 여기고 있었는데, 막상 장로 임명자 발표 때 보니 그의 이름이 빠져 있었던 것입니다.

상은 지금 이곳에서도 받습니다 69

밥은 자기의 이런 짐을 주님께로 가지고 나아갔습니다. 2주가 지난 뒤 목사님이 그를 부르더니 이렇게 말하는 것이었습니다.

"밥 형제님, 우리는 형제님의 도움이 필요해요. 최근 선임된 장로님 중 한 분이 그 직임을 수락하지 않아서 우리는 밥 형제님께서 그 직책을 감당해 주실 수 있을지를 알고 싶군요."

하나님은 밥의 믿음에 상을 주셨고 그의 소원을 이루어 주셨습니다.

디크 아벨 대령은 아무리 생각해 봐도 밤에 잠이 잘 오지 않는 이유를 알 수 없었습니다. 그는 공군사관학교에서 홍보 담당을 맡고 있었는데 남이 부러워하는 안정된 직책이었습니다.

많은 공군력이 동원된 전쟁은 이역만리 베트남에서 치러지고 있었지만, 월맹에 포로로 잡힌 동료들에 대한 생각이 그의 머리를 떠나지 않고 있었습니다. 매일 그는 뜬눈으로 밤을 지새우며 그들을 생각하는 가운데 하나님께서 그들을 돕는 일에 자기를 사용해 주시길 기도했습니다. 마침내 한 가지 생각이 떠올랐습니다.

"전쟁 포로 송환 협상을 담당하고 있는 장교에게 전화를 하여 내가 도울 일이 없는가 물어 봐야지." 그는 이렇게 마음먹었습니다. "그리고 나서는 하나님께서 뜻하시는 대로 인도하시도록 맡겨야겠어." 결국 그는 전화를 걸어 그의 짐을 벗어 버리고, 하나님께서 그 일의 전체를 주관하고 계심을 확신하면서 다시 평안하게 잠자리에 들 수 있었습니다.

8주 후에 그 장교로부터 전화가 왔는데, 월남전에 미국의 개입이 이제 거의 종식되어 가고 있고 포로 석방을 위한 협상이 진행 중이므로 디크의 도움이 필요하다고 했습니다. 그로부터 24시간도 채 안 되어 그는 그 준비 절차를 돕기 위해 필리핀의 클라크 공군기지로 향하는 비행기에 몸을 싣고 있었습니다. 일단 이것은 하나님께서 그의 기도에 응답하신 것임에 분명했지만, 하나님께서는 이보다 훨씬 더 큰 것을 계획하고 계셨습니다.

제1진 장교들이 하노이에 있는 포로들을 만나기 위해 준비 중이었습니다. 디크는 처음에 그 가운데 끼지 못했습니다. 그런데 비행기가 이륙하기 직전에 한 장교가 부친상을 당하는 바람에 결국 디크가 그를 대신하게 되어 가장 오랫동안 베트콩 진영에서 포로 생활을 해왔던 이들을 최초로 접하는 일행 중에 끼게 되었습니다. 하노이 공항에 도착했을 때도, 주변 여건의 변화로 말미암아, 그는 일행 중에서도 맨 처음으로 석방 포로들과 접촉을 하게 되었습니다.

제1진 포로들을 수송할 비행기가 탑승 완료되어 디크가 포로들을 인솔할 장교의 가방을 가져오려고 하는데 그 장교가 그에게 이렇게 말하는 것이었습니다. "디크 대령, 나는 남아 처리해야 할 게 있으니, 당신이 내 대신 가도록 하시오."

그리하여 디크는 비행기에 오른 후 제1진 포로들을 인솔하여 전쟁으로부터 본국까지 무사히 이송하게 되었습니다. 이 모든 일은 그가 자신의 근심과 쏠리는 관심을 하나님께 맡기고 하나님께서 역사하실 것을 믿었기 때문이었습니다.

기내에서 공식 인터뷰가 끝난 뒤 그는 한 장교에게 수용소에 있는 동안에 하나님을 생각했었느냐고 물었습니다. 그러자 장교는 디크를 응시하면서 이렇게 대답했습니다. "디크 대령님, 예수 그리스도께서 계시지 않았다면 우리는 결코 이렇게 나올 수 없었을 겁니다." 후일 디크는 텔레비전 방송을 통해 전 세계에 그의 이 말을 나눌 수 있는 기회를 갖게 되었습니다.

당신의 마음을 사로잡는 관심거리를 하나님 앞에 내려놓을 때 하나님께서는 당신이 필요로 하는 것 이상을 상으로 주십니다. 솔로몬은 왕이 된 이후 마음에 큰 관심거리가 있었습니다. 그는 자신이 진실로 지혜로운 통치자가 되길 원한다고 하나님께 고했습니다. 이에 하나님께서는 솔로몬이 자기를 믿은 것에 대해 상주실 때, 다만 그를 지혜롭게 해주시는 데만 그치지 않으셨습니다. 하나님께서 이렇게 말씀하셨습니다. "내가 네 말대로 하여 네게 지혜롭고 총명한 마음을 주노니, 너의 전에도 너와 같은 자가 없었거니와 너의 후에도 너와 같은 자가 일어남이 없으리라. 내가 또 너의 구하지 아니한 부와 영광도 네게 주노니, 네 평생에 열왕 중에 너와 같은 자가 없을 것이라"(열왕기상 3:12-13).

  무거운 짐이 있어 그것들을 하나님께로 가지고 나아가는 당신에게 하나님께서 상주실 때, 당신은 결코 손해를 보지 않습니다. 당신이 관심을 기울이게 되는 일들은 당신 손으로 해결하라고 주어진 것이 아닙니다. 하나님께서 그런 것을 허락하신 까닭은 당신이 믿음으로 하나님께로 나아가 하나님께서 그것들을 처리하시고 당신에게 상주시는 것을 바라보도록 하기 위한 것입니다.

  하나님은 당신이 소원하는 바에 대하여도 자기를 믿기를 원하십니다. "또 여호와를 기뻐하라. 저가 네 마음의 소원을 이루어 주시리로다"(시편 37:4). 하나님은 소원을 이루어 주시는 분이십니다. "아무든지 나를 따라오려거든 자기를 부인하고 날마다 제 십자가를 지고 나를 좇을 것이니라"(누가복음 9:23)라고 예수님이 말씀하셨다고 해서, 하나님은 저 하늘 높은 곳에 좌정하사 당신이 가지고 있는 재미있는 생각은 무조건 묵살하시는 분일 거라고 지레짐작할 필요는 없습니다. 하나님께서는 당신이 스스로 소원을 이루고자 발버둥치는 것보다는, 몸소 이루어 주시길 원하십니다.

  일곱 살 난 아들 녀석이 가지고 싶은 크리스마스 선물이랍시고 꾀죄죄하게 적어 놓은 쪽지를 들고 "으흠, 이 녀석에게 무엇을 주지 말아야 할지 알겠구먼. 우리는 이 애가 너무 물건만 탐하는 사람이 되도록 해서는 안 되겠어" 하고 말하는 부모가 몇이나 되겠습니까?

다윗은 이렇게 말합니다. "여호와께서 은혜와 영화를 주시며, 정직히 행하는 자에게 좋은 것을 아끼지 아니하실 것임이니이다"(시편 84:11). 이것을 믿습니까? 그렇다면, 당신의 소원들을 기록하여, 즉 당신 스스로 "내가 원하는 것" 목록을 만들어 하나님께 보이고, 하나님께서 그의 때에 그의 방법으로 이런 것들을 당신에게 주실 수 있도록 하십시오. 그는 당신의 믿음을 보시고 후히 주실 것입니다. 물론, 당신이 하나님을 더욱 친밀히 알아 감에 따라서, 하나님께서는 당신의 소원 중 어떤 것은 잘 다듬어 주시고 어떤 것은 소원과 다르게 주시는 것도 기대해야 할 것입니다. 그는 당신에게 "좋은 것"만 주시길 원하신다는 이 한 가지 사실을 기억하십시오.

프레드 크렙스는 어느 날 아이스크림을 먹으려고 가게에 들러서 앉아 있었는데, 어떤 신사가 두 아이를 데리고 들어오는 것을 보았습니다. 그 아버지가 두 아이들에게 콘을 사주었는데도 전혀 감사해하는 기색도 보이지 않는 두 꼬마의 행동이 프레드에게는 별로 맘에 들지 않았습니다. 그들이 보인 유일한 반응은 서로 먼저 콘을 움켜쥐려고 아버지에게 덥석 달려드는 것뿐이었습니다. 그러나 계속 지켜보고 있던 프레드에게 인상적이었던 것은 그 아버지가 꼬마 녀석들로부터 감사하다는 말을 듣지는 않았어도 아이들에게 좋은 것을 준 것만으로도 여전히 즐거워하던 모습이었습니다. 그래서 프레드는 자기도 아버지 되시는 하나님께 바로 이런 것을 기대해야겠다는 점을 깨닫게 되었습니다.

　다음날 프레드는 성경을 읽다가 멈추어 이렇게 기도했습니다. "사랑의 하나님, 참으로 주님은 어제 제가 본 그 신사보다도 몇 갑절 더 좋은 아버지이심을 저는 알고 있습니다. 주님께서는 제게 주시는 것을 기뻐하시리라 믿습니다. 제가 가지고 싶은 것 하나는 오토바이입니다. 적어도 300cc 정도 되는 것이면 좋겠습니다." 그는 자기가 기도했던 내용을 아무에게도 이야기하지 않고 하나님께만 맡겼습니다.

　그 후 고향 집을 방문했을 때 프레드는 형과 함께 형의 오토바이를 수리했는데, 형이 별안간 놀라운 선언을 하는 것이었습니다. "이 물건 말이야! 난 이것 때문에 고생만 할 뿐이야. 한번 타고 나가려면 멀쩡한 시간 뺏기며 수리를 해야 하는 통에 이젠 지쳤어. 네가 가지고 싶으면 그냥 가져도 좋아!"

　프레드는 기꺼이 받았습니다. 그 오토바이는 프레드가 사는 콜로라도에서는 매우 잘 달렸습니다. 그것은 그가 원하던 종류의 모델이었고, 뿐만 아니라 305cc짜리였습니다.

　당신은 여러 가지 필요와 관심거리 및 소원이 있는 사람입니다. 당신이 섬기는 하나님은 그 사실을 아시므로 당신이 그것들을 하나님께 맡겨 하나님께서 직접 성취해 주시길 기대하는 삶을 살아가길 원하십니다.

하나님은 왜 자기를 믿는 것에 대해 상주시는가

하나님께서 당신에게 상주길 원하신다는 이 진리에 대해 당신은 어떻게 생각하십니까?

나는 많은 그리스도인들이 이렇게 말하는 것을 들어 왔습니다. "러쓰, 나는 내가 하나님을 나의 완전한 자원으로 삼아야지 결코 나 자신을 믿어서는 안 된다는 것은 좋은 생각이라 여겨지지만, 하나님이 상주시는 이시라고 하는 이 교훈은 좀… 글쎄! 나는 그걸 믿어도 될지 잘 모르겠어. 그건 좀 영적인 것이 못 된다는 생각이 들거든. 오히려 하나님께서는 영광받으시기에 합당하시므로 우리가 먼저 그를 섬기고 마음에 굳이 원하셔서 나에게 상주신다면야 모르지만, 나는 하나님께로부터 상을 기대한다는 것이 무슨 말인지 통 알 수가 없어."

이런 태도는 상당히 고귀한 것 같죠? 그러나 여기에 함정이 있는 것입니다. 하나님은 당신이 자기의 상을 기대하길 참으로 원하십니다. 하나님은 자기에게 나아오는 자는 두 가지를 믿어야 한다고 말씀하십니다. 그가 계신 것과 자기를 찾는 자들에게 상주시는 이심을 믿는 것입니다. 헬라어에서 이 두 가지를 연결시키는 단어의 의미를 자세히 살펴보면 당신이 두 가지를 똑같이 믿어야 할 필요가 있다는 사실을 알게 됩니다. 즉 당신이 그가 상주시는 이심을 믿는 것은 그가 살아 계심을 확신하는 것만큼 중요하다는 것입니다. 그는 당신이 믿음에 대한 상을 기대하길 원하시므로 당신이 기대하지 않는다는 것은 곧 당신이 하나님의 약속을 일방적으로 일축해 버리는 것과 마찬가지입니다.

예수님도 상을 기대하셨습니다. 성경은 예수님이 그 앞에 있는 즐거움을 위하여 십자가를 참으셨다고 기록하고 있습니다(히브리서 12:2). 아브라함은 "하나님의 경영하시고 지으실 터가 있는 성"(히브리서 11:10)을 바랐기 때문에 나그네처럼 외방에서 떠돌아다닐 수 있었습니다. 모세는 "상주심을 바라봄"(히브리서 11:26)으로써 하나님의 백성과 함께 고난받는 쪽을 택했습니다.

우리가 하나님의 자녀가 될 때 하나님의 모든 소유는 당연히 우리 것이 됩니다. 이는 우리가 그 가족의 일원이 되었기 때문입니다. 이와 같은 의미에서 바울은 다음과 같이 말했습니다. "그러므로 네가 이후로는 종이 아니요 아들이니, 아들이면 하나님으로 말미암아 유업을 이을 자니라"(갈라디아서 4:7).

얼마 전에 와이오밍 주의 샤이엔에서 강사로 말씀을 전하는 기회가 있었습니다. 한 성인반에 들어갔을 때 나는 그들 중에 혹시 부모나 조부모님으로부터 상속을 받은 사람이 있느냐고 물었습니다. 한 부인이 재빨리 손을 들었습니다.

"당신은 그 상속을 받을 어떤 자격이 있었나요? 다시 말하면 당신이 그만큼 훌륭했기 때문이었느냐는 얘기지요."

"그렇지는 않죠." 그녀가 시인했습니다. "제가 다만 그

가계의 일원이라는 자격 때문이었죠. 상속분은 모든 가족에게 분배되었거든요."

하나님은 당신이 자녀, 즉 하나님께로부터 난 자이기 때문에 당신에게 후히 상주시는 것입니다. 그러나 그 상속 곧 유업은 당신이 구하고 기대할 때에야 비로소 당신의 것이 됩니다.

언젠가 네브래스카 주의 오마하에 있을 때인데 한 일간지에 어느 기업으로부터 배당금을 받을 사람들의 명단이 실려 있는 것을 보았습니다. 알고 보니 거기 나온 이름들은 소재지가 불분명한 사람들의 것이었습니다. 광고 내용은 명단을 보고 해당되는 자기 배당금을 찾아 가라는 것이었습니다.

심히 어처구니없는 사실입니다. 그 가운데에는 찾아가길 기다리는 자기 돈이 버젓이 있는 것도 모르는 채 빈곤에 허덕이며 사는 사람이 있었을지도 모르기 때문입니다.

마찬가지로, 하나님께서도, 주인을 기다리고 있는 풍성한 유업을 받게 될 자들의 명단을 가지고 계십니다. 만약 당신이 그리스도께 속해 있다면 당신 이름도 그중에 있습니다. 그 유업을 받기 위해 당신이 해야 할 일은 주님께 당신의 여러 필요와 관심거리 및 소원 등을 들고 나아감으로써, 이런 문제들을 주님께 맡기는 당신의 믿음에 하나님께서 상주시도록 하는 것입니다.

78 능히 이루시는 하나님

4
하나님만을 찾는
단순한 삶을 사십시오

미국 내의 한 주도적인 복음주의 선교회를 이끌고 계신 한 원로 선교사님이 한번은 내게 이런 말을 했습니다. "러쓰, 알다시피, 나는 선교사들이 매년 무릎을 꿇고 '하나님, 제가 지난날에는 주님을 의뢰하지 않았지만, 앞으로는 그렇게 하고자 합니다' 하고 열심히 기도하는 것을 많이 봐요. 그들은 진실로 자신들이 하나님을 찾고 있다고 생각하는 것 같은데, 하지만 내가 보기에는 그것이 무슨 효과가 있는 것 같지는 않아요."

그것이 왜 효과가 없다고 하는지 궁금하지 않습니까? 어쨌든, 하나님은 자기를 찾는 모든 자에게 상주시겠다고 약속하셨습니다(히브리서 11:6). 어디를 보더라도, 이 선교사들이 하나님을 찾고 있는 것 같지 않습니까?

하나님을 찾는다 하면 두 손을 꼭 모아 쥐고 이를 갈면서 굳은 결의를 보이는 모습으로 생각되지는 않습니까? 아니면 어느 한적한 수도원에 틀어박혀 약간 곰팡내 나는 옷을 입고 딱딱한 나무 의자에 앉아 새벽부터 황혼 녘까지 기도하는 모습, 즉 속세에서 멀리 떨어져 사는 은둔자의 모습으로 떠오릅니까?

아마도 문제는 우리가 그 결과─즉 우리가 결과란 이러이러해야 한다고 느끼는 것─를 강조하는 데 있는 것 같습니다. 그러나 하나님은 자기를 찾는 것을 강조하십니다.

성경은 참으로 하나님을 찾는 자에게 분명한 상급을 약속하고 있습니다. 다윗은 임종 시에 그의 아들 솔로몬에게 이렇게 도전했습니다. "네가 저를 찾으면 만날 것이요, 버리면 저가 너를 영원히 버리시리라"(역대상 28:9). 예수님의 가르침에도 이와 똑같은 내용이 나옵니다. "구하라 그러면 너희에게 주실 것이요, 찾으라 그러면 찾을 것이요, 문을 두드리라 그러면 너희에게 열릴 것이니"(마태복음 7:7).

하나님을 찾는 것이 제일 우선순위입니다. 문제는 어떻게 하나님을 찾느냐 하는 것입니다.

매일의 삶에서 하나님을 찾을 것

예수님은 세상에 오셔서 새로운 단어를 사용하여 살아 계신 하나님과 우리와의 관계를 설명하셨습니다. 예수님은 "내 안에 거하라. 나도 너희 안에 거하리라"고 약속하셨습니다(요한복음 15:4). 함께 거하는 삶, 그것은 서로 헌신적인 남편과 아내가 영위해 가는 삶입니다. 그들은 함께 서로의 삶을 나누고, 서로가 전폭적으로 연관된 삶을 살아가는데, 그 연관성은 해가 지날수록 깊어 갑니다.

하나님은 그의 삶을 당신과 나누길 원하시며, 한편으로는 당신이 당신의 삶을 자기와 함께 나눌 것도 원하십니다. 그는 당신의 세계 속으로 뛰어들어 자기를 전폭적으로 주길 원하시는 것입니다. 대인 관계, 사업상의 거래, 식사, 금전 문제, 가족 문제, 즐거움 등의 모든 영역에서 함께 하길 원하십니다. 하나님께서는 당신이 허용하는 한도 내에서 당신과 밀접한 관계를 갖게 될 것입니다.

이것이 바로 하나님께서 당신에게 자기를 찾도록 권면하시는 이유입니다. 그는 이렇게 자기를 찾는 일로 당신이 우리 일상 세계로부터는 완전히 격리되는 것을 원치 않으십니다. 이를 위하여 하나님께서는 간단하면서도 실제적인 길을 마련해 주셨습니다.

"모든 일에 기도하십시오. 당신에게 필요한 모든 것을 하나님께 말씀드리고 그 응답하심에 감사하는 것을 잊지 마십시오"(빌립보서 4:6 LB). 이 구절에서 분명히 모든 것이라고 했습니다. 만일 하나님께서 당신 삶의 한 영역이라도 하나님과는 무관하게 당신 스스로 처리하도록 계획하셨다면, 하나님께서 결코 "너희 염려를 다 주께 맡겨 버리라. 이는 저가 너희를 권고하심이니라"(베드로전서 5:7) 하고 말씀하시지 않았을 것입니다.

내가 아는 아르헨티나의 한 선교사는 수영하다가 자기 수영복의 단추가 떨어져 나가 난처했던 이야기를 들려주었습니다. 그는 "모든 일에 기도하라"는 명령을 기억하고 간단한 핀이라도 하나 얻게 해달라고 물속에서 기도했습니다. 그는 마침 수영장의 가장자리 근처에 있었기 때문에 수영복을 꼭 붙잡고 밖으로 기어 나왔는데 바로 그 난간 옆에 마침 안전핀이 하나 떨어져 있었습니다. 하나님 보시기에 하찮은 것은 하나도 없습니다.

그리스도인인 어떤 부인이 집안일과 네 자녀를 돌보는 일이 어찌나 따분하고 무료한지 모르겠다고 말했습니다. 하지만 그녀로서는 어떤 변화를 일으켜 볼 만한 능력이 없었던지라 이 문제를 하나님께 가지고 나아갔습니다.

"주님, 제가 가족들을 사랑하는 줄을 아시지요? 하지만 이 틀에 박힌 듯한 생활은 정말 맥이 빠집니다. 제가 이런 권태감을 씻고 삶에 활기를 되찾을 수 있게 해주시길 원합니다." 이렇게 그녀는 기도했습니다.

그녀의 남편이 이야기의 마무리를 지었습니다. "그 주간이 다 지나가기 전에, 저는 한 동계 수련회의 성인반에서 말씀을 전해 달라는 부탁을 받았는데 가족을 동반해야 한다는 분명한 지침이 있었습니다. 그런데 수양회 출발 전에 서로 잘 알고 지내는 친구들로부터 전화가 왔는데, 스키를 즐기기 위해 콜로라도 주의 애스펀에 콘도미니엄을 하나 전세 내었는데 함께 가기로 했던 사람들 중에 한 부부가 처음 3일간만 머무른다는 이야기와 함께, 나머지 기간 동안은 우리를 초청하고 싶다는 것이었어요."

　하나님께서 권태감을 씻어 주실 때는 말끔히 씻어 주십니다. 때로 하나님께서는 우리로 하여금 모든 일에 기도하도록 상기시켜 주시기 위해 주변 환경을 사용하십니다. 1965년 여름에 나는 150명의 대학생들과 함께 유럽 지역에서 복음을 전파하고 있었습니다. 우리는 노르웨이의 오슬로 시에서 복음 증거를 위한 커피 하우스를 시도해 보았는데 대성황을 이루었습니다. 우리가 이용했던, 간선도로로부터 한 구획 정도 떨어진 학생회관 건물은 매일 밤 복음을 듣고 반응을 보이는 학생들로 빈틈없이 들어차곤 했습니다. 우리 계획은 이 커피 하우스를 노르웨이에서 3주쯤 운영하다가 다음에는 네덜란드에서 하는 것이었습니다.

　네덜란드에서 택한 장소는 노르웨이에 있는 것만큼 만족스러운 것이었습니다. 우리는 한 유원지에 있는, 낡은 보트 보관 창고로 쓰이는 건물을 사용하기로 했는데, 이 지역은 좌우에 두 개의 호수가 있어서 매년 여름이면 수많은 사람들이 보트 놀이를 즐기려고 찾아오는 곳이었습니다. 모든 것이 순조롭게 잘 되는 것 같았는데 문제가 하나 생겼습니다. 비가 내리기 시작하더니 며칠이 지나도 그치지 않고 계속해서 내리는 것이었습니다. 어떤 신문에서는 이 비 때문에 100년 만에 한 번이나 있을 듯한 최악의 날씨가 되어 휴양차 오는 학생들이 거의 없을 것이므로 이 지역의 관광업자들은 수백만 달러의 손해를 볼 것 같다고 보도했습니다.

이 보도 내용이 우리들에게는 무엇을 의미하는지 우리는 빤히 알 수 있었습니다. 관광객이 없으면 복음을 증거할 수 있는 가망도 없었던 것입니다. 우리는 이 문제를 가지고 주님께 나아가 기도하기 시작했습니다. 바야흐로 우리가 커피 하우스의 문을 연 그날, 비가 뚝 그치고 하늘이 맑게 개어 수많은 젊은이들이 도심을 빠져나왔습니다. 그 후에도 구름 낀 날이 좀 있긴 했지만 우리가 커피 하우스를 그만두던 8월 17일까지 비는 더 이상 오지 않았습니다. 그 결과로 거둔 수확은 굉장한 것이었습니다. 오직 하나님께만 그 영광을 돌리게 됩니다!

야고보서는 우리의 일상생활에서 하나님이 배제될 때 우리가 무슨 일을 벌이게 되는지를 아주 생생하게 보여 주고 있습니다. "너희가 욕심을 내어도 얻지 못하고 살인하며, 시기하여도 능히 취하지 못하나니, 너희가 다투고 싸우는도다. 너희가 얻지 못함은 구하지 아니함이요"(야고보서 4:2). 이 말씀은 전체적으로 점점 악화되어 가는 과정을 보여 줍니다. 즉 욕심을 내는 데서 살인하는 데로, 시기하는 데서 다투고 싸우는 지경으로 옮아가고 있습니다. 그러나 만약 사람들이 욕심을 내다가 얻지 못한 다음에라도, 멈추어 서서, 그들의 소원 가운데 하나님을 먼저 모셔 들였더라면 이런 비극은 초래되지 않았을 것입니다. 그들은 그 문제를 주님께 고하고 그의 뜻을 물으며 공급해 주시도록 구했어야 했습니다.

이 본문 말씀은 이스라엘 자손들의 출애굽의 신약판을

방불케 하는데, 아마도 "광야의 불평" 따위와 같은 부제라도 붙이면 어울릴 것 같습니다. 그들이 필요로 하는 것들은 여러 가지였는데 합당한 필요들도 있었지만 그렇지 못한 것들도 있었습니다. 그들은 이 두 종류의 필요를 한결같이 하나님께 투덜거리고 불평하면서 탐욕 가운데 채우려고 했습니다. 그들이 다만 하나님을 찾고 일상생활과 생각 가운데 하나님을 모셔 들이기만 했었더라면, 이 이야기는 훨씬 즐거운 찬양의 노래가 되었을 것입니다.

무슨 일에든지 잊지 않고 기도를 하려면 약간의 노력이 필요한데, 이는 때때로 꼭 기도해야만 한다고 생각되지는 않는 경우가 있기 때문입니다.

페인트 가게를 하는 내 친구가 한번은 이례적으로 싼 가격에 나온 중고 페인트 분무기를 발견하고는 나에게 그것들을 사는 게 어떻겠느냐고 제안했습니다. 당시 내가 보기에도 결코 손해볼 것 같지 않은 거래라 생각되었습니다. 결국 나는 그가 페인트 판매업에 종사하고 있으므로 그 물품들이 얼마큼 긴요하게 쓰이는지 잘 알기 때문에 권했을 것이라는 생각이 들었고, 또 싸게 산 물품이 당장 팔리지는 않더라도 다른 사람들에게 대여해 주면 돈은 쉽게 회수할 수 있으리라는 계산을 하게 되었습니다. 그야말로 확실한 투자라고 생각되었습니다.

사실 너무도 확실한 것 같아 보였으므로 나는 기도도 하지 않고 그 분무기들을 샀습니다. 당연한 귀결이지만, 현재 그 물품들은 창고에 방치되어 있습니다. 아무도 그것

들을 사려고 하지 않았고, 대여해서 사용하고자 하는 사람
도 가물에 콩 나듯 했습니다. 이 일을 통하여 나는 하나님
께서 나보다 훨씬 다각적으로 알고 계시며 나의 여러 사업
들을 성공적으로 경영하길 원하신다는 것을 알게 되었으
며, 그 후로도 이 사실을 계속 기억하게 되었습니다. 그러
므로 나는 아무리 "틀림없어 보이는 투자"라도 결정을 내
리기 전에 나의 동반자 되신 주님께 조언을 구해야 마땅하
다는 것을 배우고 상기하게 되었습니다. 그것은 내게-아
마도 하나님께서 계획적으로-주신 큰 교훈으로 나는 그
교훈을 결코 잊을 수가 없었습니다.

 왜 하나님을 찾느냐고요? 우리는 모든 일에 기도하는
이유를 좀 더 분명하게 이해할 필요가 있습니다. 뒤에 숨어
있는 기도의 의미는 당신의 삶을 하나님께 개방하여 하나
님께서 당신의 삶과 환경 가운데서 그의 원하시는 바를
자유로이 시행하실 수 있도록 하는 데 있습니다. 우리는
자신의 조그만 계획들에 대해 하나님의 승낙을 얻어 내려
고 모든 일에 기도하는 것이 아닙니다. 즉 참된 기도란,
"하나님, 이제 저의 이 사업 문제, 이 가족 문제, …에 함께
해 주셔서 모든 일이 제 자신의 방식대로 풀려 나가게 해주
십시오"라고 이야기하는 것과는 거리가 멀다는 말입니다.
우리가 모든 일에 기도하는 것은, 일이 하나님의 뜻대로
이루어지고, 우리가 하나님의 뜻 가운데 살며, 하나님의
뜻이 하늘에서 이루어진 것같이 땅에서도 이루어지도록
하기 위한 것입니다. 그것이 전부입니다.

생활의 제반 결정 시에 하나님을 찾을 것

하나님께서 당신 생활 속의 모든 일에 그분을 모셔 들이길 원하신다고 해서 하나님은 당신이 직장에 출근하면서 손수 차를 몰고 갈 것인지 아니면 버스를 타고 갈 것인지를 결정하기 위해서 3일 동안 골방에 들어가 기도하기를 원하신다고 지레짐작하지는 마십시오. 하나님께서는 모든 일에 기도하는 것 그 자체가 당신에게 짐이 되는 것을 결코 원치 않으시고 오히려 도움이 되기를 원하십니다.

오늘날 그리스도인들에게 하나님의 뜻을 아는 법만큼 애타게 만드는 주제도 없는 것 같습니다. 우리 중 많은 사람들은 다만 하나님의 뜻이 무엇인지 확신할 수만 있다면, 하나님의 원하시는 바를 진실로 따르고 싶어 합니다.

나의 한 친구는 80대에 접어든 어느 할머니로부터 전화를 받았는데, 내용인즉 그가 참석하기로 한 수양회에 자기도 좀 데려가 달라는 것이었습니다. 그리스도인인 그 할머니는 이렇게 설명했습니다. "제가 이번만은 꼭 가고 싶어요. 팸플릿에 보니까 '하나님의 뜻을 아는 법'에 관한 분반 공부가 있어서 그래요. 제가 배우고 싶은 것은 이것 한 가지뿐이어요."

이 사랑스러우신 할머니는 우리들 많은 사람들을 대변하고 있는 것입니다. 당신은 성경을 읽으면서, 하나님께서 특별한 사람들에게 하늘의 음성으로, 또는 선지자들을 통해서, 아니면 하늘에서 뚝 떨어진 보자기를 통해서, 자기가 그들에게 원하시는 바를 정확하게 말씀하시며, 직접 그 뜻을 전해 주시는 것을 보고 부러움을 느낀 적은 혹시 없습니까? "오늘날에도 그랬으면 오죽이나 좋으련만!" 우리들은 탄식합니다. "성경에 내가 어떤 집을 사야 하고 누구와 결혼해야 하는지, 또는 내가 선교사로 지망해야 하는지, 혹은 빨간 옷보다는 푸른색 옷을 입는 것이 하나님 보시기에 내게 어울리는지에 대해 알려 주는 구절이 있으면 좋으련만."

우리는 환경을 살피지만, 하나님은 우리 마음을 주의 깊게 보십니다. 우리는 그리스도인들이 하나님의 뜻 밖에서 살까 염려한 나머지 너무 소심해진 시대에 살고 있습니다. 고등학교 졸업생들은 이렇게 묻습니다. "내가 스탠포드로 가야 하나요, 아니면 무디 신학교에 가야 하나요? 나는 참으로 하나님의 뜻을 벗어나고 싶진 않아요."

사업자들은 이런 의문을 품습니다. 내가 신규 사업에 투자하는 것은 어떨까? 이 문제에 대한 하나님의 뜻을 꼭 좀 알고 싶은데.

주부라면 가족들이 구상 중인 새 집이 참으로 하나님의 뜻에 맞는 것인지 궁금해합니다. "우리는 하나님께서 원치 않으시는 어떤 일에 뛰어들고 싶지 않아."

하나님의 뜻이 무엇인지 궁금해하는 그리스도인들이 결정해야 될 당면 문제들은 대개 직업이나 장소에 관계된 것임을 보게 되는데, 그들은 자신이 하나님의 뜻에서 벗어나지 않으려고 전전긍긍합니다.

그런데 성경을 아무리 들여다보아도 이런 것들에 대한 언급은 전혀 없습니다. 물론 일반적인 지침은 있습니다. (예를 들면, 당신이 어떤 불신자와 결혼할 것을 고려한다든지, 전문적인 도둑이 되어볼까 생각 중이라면 그것은 결코 하나님의 뜻이라고 볼 수 없습니다.) 그러나 성경 전체적으로는 당신이 수지와 결혼할 것인지 아니면 제니와 결혼할 것인지, 또는 톰과 결혼할 것인지 아니면 빌과 결혼해야 할 것인지에 대해서는 전혀 언급이 없으며, 당신이 연관공이 될 것인지 미용사가 될 것인지에 대해서나 아니면 신시내티에서 살 것인지 왈라왈라에서 살 것인지에 대해서도 전혀 언급이 없습니다.

사실 이런 문제들에 대해 약간이나마 언급되고 있는 곳은 음식, 옷, 거처 등에 대해 말씀하신 예수님의 설교인데(마태복음 6장), 여기에서조차도 무엇을 먹고 어떤 옷을 입으며 어디서 살 것인가에 대해서는 전혀 다루어져 있지 않습니다. 다만 하나님께서는 당신이 이런 것들로 염려하지 말 것을 원하신다는 사실을 알 수 있을 뿐입니다.

그렇다면 성경에 이런 것들에 대한 세세한 설명이 빠져 있는 까닭은 하나님께서 당신의 관심을 사로잡는 것들에 대해 전혀 개의치 않으시기 때문입니까? 결코 그렇지 않습니다. 이는 하나님께서 더욱 관심을 기울여 살피시는 것이 있기 때문인데, 그건 다름 아닌 당신의 마음입니다.

성경 말씀의 대부분은 당신의 내면과 그것이 당신의 외면적인 삶의 양식에 미치는 영향에 관하여 다루고 있습니다. 하나님은 겉으로는 바른 일을 하지만 그 마음으로는 하나님과 함께하지 않는 사람들에게 냉담하신 것 같습니다. 주님께서 자기 백성들을 꾸짖으실 때 이렇게 말씀하셨습니다. "이 백성이 입으로는 나를 가까이 하며 입술로는 나를 존경하나 그 마음은 내게서 멀리 떠났나니, 그들이 나를 경외함은 사람의 계명으로 가르침을 받았을 뿐이라"(이사야 29:13). 혹 '바리새인들이라면 어떤가, 그들은 하나님의 뜻 가운데 살지 않았을까' 하고 생각될지도 모르겠습니다. 어쨌든 그들은 당대의 종교 지도자들이었으며 하나님을 섬기기 위해 많은 것을 포기했던 사람들이기 때문입니다. 그러나 하나님은 그들의 직업적인 종교에 관심을 두지 않으셨습니다. 종교를 직업으로 가지고 있으면서 올바른 마음을 갖지 않았던 이들보다 어부나 세리 또는 심지어는 전에 창기였다가 이제는 진실되게 자기를 믿는 이들에게 관심을 기울이셨습니다.

하나님은 당신의 직업이 선교사냐 아니면 목수냐에보다는 당신이 믿음으로 살면서 당신의 직업에서 하나님을 첫 자리에 모시고 있느냐 그렇지 않느냐에 관심을 기울이십니다. 또한 그는 당신의 동료가 공학기사인가 또는 교회 간사진의 한 사람인가에보다는 당신이 그 동료들에게 사랑의 태도를 가지고 있는지에 더 마음을 쓰십니다. 하나님께 중요한 것은 당신의 가정생활이 하나님의 질서와 관심을 나타내고 있느냐 그렇지 못하느냐이지 당신이 대저택에 사느냐 아니면 전세 단칸방에 사느냐가 아닙니다. 그는 당신의 자동차가 6년 묵은 중고차냐 아니면 번드르르한 최신형이냐에 관심을 갖고 계신 것이 아니라 당신이 교만과 탐심이 없는 마음을 가지고 있느냐에 주의를 기울이십니다.

물론 삶 가운데서 이런 영역들에 대해서는 하나님께 결코 구하지 말아야 할 것이라고 생각하지는 마십시오. 다만 하나님의 주된 관심사가 무엇인지를 알고 또한 그것을 당신의 관심사로 삼으라는 것입니다. 당신의 직업이나 직장 또는 경제 문제에 관해 하나님의 뜻을 보여 주시도록 기도했으면 잠시 멈추어 일단 당신 자신을 점검해 보십시오. 혹시 하나님께서 당신에게 지금까지 당신이 해오지 않았던 어떤 일을 하라고 오래 전에 그의 뜻을 보여 주시지는 않았습니까? 하나님께서는 당신이 하나님의 뜻을 올바로 분별하기를 원하시며, 그 뜻에 지금 당신이 온전히 순종하기를 원하십니다.

공군사관학교에 있는 내 친구는 어느 날 신문 판매대 곁을 지나다, 표지에 선정적인 사진들이 실린 몇몇 잡지에 시선이 끌렸다고 합니다. 그는 다시 한 번 보고 싶은 유혹이 있었지만 그가 암송한 말씀으로 단호히 돌이키게 되었습니다. "하나님의 뜻은 이것이니, 너희의 거룩함이라"(데살로니가전서 4:3). 이 말씀이 다음과 같은 음성으로 들렸습니다. "짐, 너를 향한 하나님의 뜻이 무엇인지 너는 **알겠지**? 그것은 너의 **거룩함**, 다시 말하면 그 잡지들을 바라보지 않는 것이다. 너는 나의 뜻을 행하길 원하느냐?" 짐은 예라고 대답하면서 잡지에 등을 돌렸습니다.

하나님께서 가장 관심을 기울이시는 것은 우리 삶 가운데서 부딪히는 바로 이와 같은 일들입니다. 짐이 그런 상황에서 주님의 뜻을 행하는 것이야말로 하나님께는 너무나도 중대한 문제였습니다. 당신도 하나님이 가지고 계신 것과 동일한 관심을 가질 필요가 있으며, 하나님께서 새로운 빛을 주시길 기대하기보다는 당신에게 이미 비추어 주신 빛에 순종하며 사는 일에 더욱 큰 관심을 기울이는 것이 필요합니다.

하나님은 당신이 원하는 것 이상으로 당신을 그의 뜻 안에 보호하길 원하십니다. 당신이 생활 가운데 일어나는 여러 일들을 결정하기 위해 하나님의 뜻을 발견하고자 할 때 마음을 편히 가져도 좋은 이유는, 하나님은 당신이 찾고자 하는 것 이상으로 자기 뜻을 보여 주는 일에 관심을 기울이고 계시기 때문입니다. 하나님께서, 당신에게 자기의 원하시는 바를 이행하고자 하는 열망을 주시고는 당신 삶의 모든 결정 사항들을 송두리째 가져다가 칠흑 같은 지하실에 넣고 자물쇠를 채운 다음에, "어디 보자. 내가 원하는 것이 무엇인지를 어떻게 알아맞히나 한번 지켜볼까?" 하면서 혼자 킥킥거리며 웃어 대는 하나님이라면 얼마나 괴팍스럽겠습니까?

요나를 기억하십니까? 하나님이 니느웨로 가라고 명하자 그는 곧장 부두로 달려가 배에 뛰어올랐습니다. 하지만 니느웨와는 정반대 방향으로 가는 배를 탔던 것입니다. 요나는 하나님의 뜻을 따르고 싶은 마음이 조금도 없었습니다. 그렇다고 하나님은 그를 내동댕이치셨습니까? 결코 그렇지 않았습니다.

하나님은 대풍을 바다에 내리시고, 제비를 뽑아 요나가 바다에 던지웠을 때 큰 물고기를 예비하여 결국 요나를 삼키게 하셨는데, 이 모든 일은 요나로 하여금 하나님이 원하시는 지리적 장소와 마음의 태도에 다다르도록 하기 위함이었습니다. 이처럼 하나님께서는 자기의 뜻을 피하여 도망치는 사람을 위하여서도 이 모든 곤란을 감당하셨다면, 하나님의 뜻을 찾는 당신을 위해서 무슨 일인들 마다하시겠습니까?

"여호와는 나의 목자시니" 하고 다윗은 말했습니다. 인도하는 일은 누구의 할 일입니까? 목자의 일입니까, 아니면 미련한 양의 일입니까? 자기의 나아갈 방향에 대해 양이 뭐 아는 게 있습니까? 양들은 자기 주변에 널려 있는 것들을 따라 내키는 대로 나아가기 때문에, 길을 잃지 않도록 누가 계속 지켜봐 주어야만 합니다. 하나님은 바로 우리가 그 양들과 같다는 것을 아십니다. 다윗에게 하나님의 지팡이와 막대기가 그렇게도 큰 위로가 되었던 것은 바로 이것 때문입니다. 그는 자신이 한 마리 양에 불과하다는 사실을 하나님이 아시며, 또한 곁길로 나아갈 때 하나님은 신실하사 자기를 돌이키게 해주시고 바로잡아 주신다는 것을 알고 있었습니다. 하나님은 그의 원하시는 일을 우리에게 보여 주시길 기뻐하십니다.

그러므로 당신이 어떤 결정할 일이 있어 그 일에 마음이 쏠리고 하나님의 뜻을 분별할 필요가 있을 때, 하나님은 당신이 알고 싶어 하는 것 이상으로 그 뜻을 보여 주고 싶어 하신다는 사실을 먼저 기억하고 마음의 무거운 짐을 내려놓으십시오. 당신이 해야 할 일이란 하나님이 보여 주시도록 기다리는 것이며, 다음에는 그가 말씀해 주시는 대로 행하면 됩니다.

하나님의 뜻을 아는 법

1. 하나님의 뜻을 행하는 데에 헌신하십시오. 네비게이토 선교회의 론 쎄니 회장은 몇 년 전에 하나님의 뜻에 관한 성경공부를 하였습니다. 그가 성경을 탐구한 다음에 내린 결론은, 하나님의 뜻에 관하여 성경에서 보여 주는 교훈은 하나님의 뜻이 무엇인지를 아는 것에 관한 것보다는 행하는 것, 즉 순종하는 것에 관한 것이 대부분이라는 것이었습니다. 하나님의 주된 관심은 자기 자신의 뜻대로가 아니라 하나님의 뜻대로 자기 삶을 이끌기 원하는 사람들을 찾는 데 있는 것 같습니다. 일단 하나님께서 그런 사람을 찾으면, 자기가 원하시는 바를 보여 주시기는 쉬운 일입니다.
  하나님은 단지 호기심이나 추구하는 자들을 만족시켜 주는 일은 하지 않으시므로, 일단 주님의 원하시는 바가 무엇인지 알고 그 다음에 당신이 그것을 따를 것인지 말 것인지 결정하고자 하는 식의 마음가짐으로는 주님 앞에 나아가지 마십시오. 먼저 당신이 참으로 하나님의 뜻을 행하기 원하는지 그렇지 않은지를 확실히 결정하십시오. 하나님께서 원하시면 무엇이든지 하겠다고 결정하면, 싸움의 99%는 끝난 것입니다.

2. 하나님께서 당신을 지도하기 위하여 이미 당신 안에서 역사하고 계심을 믿으십시오. 바울은 말했습니다. "너희 안에서 행하시는 이는 하나님이시니, 자기의 기쁘신 뜻을 위하여 너희로 소원을 두고 행하게 하시나니"(빌립보서 2:13). 그의 기쁘신 뜻, 이것이 당신의 원하는 바입니다. 그렇습니까? 그것이 사실이라면, 당신은 하나님께서 당신 안에서 행하고 계심을 믿어야 합니다. 그는 자기의 원하시는 바를 당신이 원하도록 돕고, 다음에는 그것을 행하도록 돕는 일을 하십니다.

3. 당신 마음의 소원을 바라보십시오. 당신이 하나님께서 원하시는 일을 하는 데 헌신되어 있고 또한 하나님께서는 자기의 원하는 바를 당신도 원하도록 당신 안에서 도와주고 계신다면, 이제 당신은 "저가 네 마음의 소원을 이루어 주시리로다"(시편 37:4)라고 한 말씀을 기억해야 할 때입니다. 하나님께서는 우리의 소원하는 바대로 이루어 주시는 경우가 많습니다.

4. 이제 밀고 나아가십시오. 당신은 하나님의 일에 헌신되어 있으며 하나님의 지도하심을 신뢰하고 있습니다. 이제 당신의 소원하는 방향으로 밀고 나아가십시오. 그러면 하나님께서는 다음 두 길 중 어느 한 쪽으로 인도하실 것입

니다. 즉, 하나님께서 당신이 지금 향하고 있는 문을 닫고 다른 길을 보여 주시든지, 아니면 지금 하고 있는 일을 위해 필요한 자원을 공급해 주시든지 할 것입니다.

바울은 세 차례에 걸쳐서 로마에 있는 그리스도인들을 방문하려고 나섰지만 그때마다 하나님은 그 문을 닫으셨습니다. 그 까닭은 하나님께서 이와는 다른 사역의 문을 열고자 계획 중이셨기 때문입니다.

아브라함의 경우 일단 가나안 땅을 향해 나섰고, 하나님께서는 그가 가는 길에 필요한 자원들과 소성시키는 힘을 그때그때 공급해 주셨습니다.

하나님께서 아브라함에게 나타나셔서(창세기 12장) 본토 친척 아비 집을 떠나 그가 친히 지시할 땅으로 가라고 말씀하실 때, 아브라함은 자기가 어디로 가야 할지를 어떻게 알았을까 궁금하게 여겨 본 적이 있습니까? 하나님은 아브라함에게 유브라데 강 남방 60마일 서방 84마일 떨어진 지점으로 가라고 말씀하시지 않았습니다. 그러면 아브라함은 자기가 가나안 땅에서 일생을 마치는 것이 하나님의 뜻인 줄 어떻게 알았을까요?

창세기 11장으로 돌아가 봅시다. 거기서 우리는 아브라함의 아버지인 데라를 발견하게 되는데, 그는 가족과 함께 가나안으로 이주하려는 생각을 맨 처음 가졌던 사람입니다. 그가 어떤 생각을 가지고 가족들에게 짐을 꾸리게 하고 가나안 땅을 향해 나아갔는지에 관해서는 성경에 언급된 바 없습니다. 혹시 자기 자녀들에게 더 좋은 장래가 보장될까 봐 그랬을까요? 아니면 초기 캘리포니아 주 이주민들이 "그곳에 있는 황금 노다지"를 노리고 몰려든 것과 비슷한 이유로 그랬던 것은 아니었을까요? 우리는 모릅니다. 그러나 우리는 그 가족이 계속 가나안 쪽으로 옮겨 가고 있었다는 사실만은 알 수 있습니다.

그들은 마침내 하란까지 이르렀고 데라는 그곳에서 죽었습니다. 여호와께서 아브라함에게 떠나라고 말씀하신 것은 바로 이 하란에 있을 때였습니다. 이제 아브라함은 하나님의 사람으로서 하나님께서 말씀하시는 바를 수행하길 원했지만, 하나님께서 그가 어디로 가야 한다고 정확하게 말씀하시지는 않았기 때문에 그는 자기 마음의 소원을 따라서 그리고 아버지 데라가 심어 준 꿈을 더듬으며 가나안 땅을 향해 나아갔습니다.

오늘날 우리는 그가 전적으로 옳았었다는 것을 알고 있는데 가나안이야말로 곧 약속의 땅이었기 때문입니다. 그러나 아브라함은 그곳에 도착하기 전까지는 몰랐습니다. 다만 그는 자기가 원하는 바를 등불 삼아 나아갔으며 혹시 잘못된 길로 가고 있다면 하나님께서 발길을 멈추게 하시리라고 믿었을 따름이었습니다.

믿음으로 사는 삶! 하나님께서 맡으신 역할은 당신의 완전한 자원이 되시는 것과 당신에게 상주시는 일입니다. 당신의 역할은 하나님을 찾고 하나님을 당신의 일상생활 중에 모셔 들이며 당신이 당면하는 주요 결정 사항들을 놓고 하나님의 도움을 바라는 것으로 시작됩니다.

당신이 하나님을 더욱 바라고 기대할수록 당신의 삶이 그만큼 단순해지는 것을 발견할 것입니다. 그것은 단지 "주님은 저로 하여금 어떤 일을 하게 하시렵니까?" 하고 묻고 하나님께서 대답하시는 대로 그것을 시행하기만 하면 되는 문제입니다. 하나님은 자기를 찾는 자들에게 "상 주시는 이"(히브리서 11:6)시기 때문에 반드시 응답하실 것입니다.

5
엄청난 수익이 보장되는 예탁을 하십시오

하나님께서는 행동으로 연결되지 않는 믿음을 가리켜 죽은 믿음, 쓸모없는 믿음이라고 하셨습니다(야고보서 2:26). 당신은 어떤 결과를 바라보며 나아가지만, 행함이 없는 그런 종류의 믿음은 당신에게 아무런 진전도 가져다주지 않습니다.

이를테면 당신과 자주 운동을 즐기는 친구가 건강식품을 적극 권장하는 말을 들었는데, 언젠가 당신이 스낵 코너에 들렀을 때 그가 뻬뻬로니 피자 하며 설탕, 초콜릿이 잔뜩 가미된 아이스크림을 주문하는 걸 본다면, 당신은 건강식품에 대한 그의 믿음이 터무니없는 것이며 죽은 것이라 여길 것입니다.

당신이 하나님을 믿노라고 말한다면, 당신이 말한 그곳

에 돈도 투자하십시오. 말 자체는 너무 싸구려입니다. 당신 자신은 물론 다른 사람들과 하나님 앞에 믿음의 실재를 보여 주는 것은 믿음에 뒤따르는 행동인 것입니다.

하나님께 예탁할 것

여호수아서는 이스라엘 민족이 약속의 땅을 눈앞에 둔 지점에 진을 친 때로부터 시작됩니다. 40년 동안의 광야 방랑 생활을 거친 그들에게 마주 바라보이는 가나안 땅은 낙원과 같은 곳이었습니다. 푸르고 기름지며 온갖 가능성이 엿보이는 "젖과 꿀이 흐르는" 땅이었던 것입니다. 그러나 그들과 가나안 땅 사이에는 요단강이 가로놓여 물이 강둑에 넘칠 정도로 흐르고 있었습니다. 어떻게 온 백성이 장막과 가축과 기타 세간들을 가지고 자녀들과 함께 그 넘실거리는 강을 건너느냐가 문제였습니다. 그 상황을 돌아본 여호수아는 요단을 건너기 위해서 자기 자신을 보거나 다른 인간적인 수단을 강구하지 않았던 것이 분명합니다. 만약 여호수아가 그런 방도를 강구했더라면, 아마도 가장 먼저 백성들 중에 있는 모든 기술자들을 모아 거대한 배다리를 놓는 계획에 착수했을 것입니다. 그러나 성경에는 그런 기록이 전혀 없습니다. 여호수아는 백성들이 건너는 일을 위해 하나님만 믿었습니다.

당신 자신 대신 하나님만 온전히 의뢰한다는 것은 그저 "주님만 믿는다"고 말하면서 자기는 멍한 태도로 무기력하게 서성거리는 것을 의미하지는 않습니다. 여호수아는 하나님께서 온전한 길을 예비하시길 기다릴 때 강둑을 오르락내리락하면서 배회하지 않았습니다. 하나님께서 그에게 말씀하시자 그의 믿음은 곧 행동으로 옮겨졌습니다.

여호수아는 제사장들에게 명하여 언약궤를 메고 물로 들어가라고 했습니다. 물이 범람하는 시기에 강으로 걸어 들어간다는 것은 참으로 믿음이 요구되는 일이었습니다!

하나님께서는 대제사장들의 발바닥이 물에 닿으려는 찰나에 흐르던 물줄기를 위에서부터 그치게 하여 마른 길로 만드셨으며 온 백성은 이 마른 땅으로 행하여 무사히 요단을 건넜습니다(여호수아 3:10-17).

이스라엘의 믿음은 강에 첫발을 들여놓는 행동으로 온전케 되었고, 하나님은 이에 응답하셨습니다.

나와 함께 믿음에 대해 공부하던 어느 반에서는 믿음을 완성시키기 위해 행동을 덧붙여야 한다는 이 개념에 관해 토의하면서 여기에 적합한 제목이 무엇일까 생각해 보게 되었습니다. 내가 먼저 수동식 펌프로 지하수를 끌어올릴 때 처음에 약간의 마중물을 넣어야 한다는 점에 착안하여 "믿음 펌프는 마중물이 필요하다"라고 붙이면 어떻겠느냐고 제안하자 한 사람이 좀 기다려 보라고 하더니 말을 이었습니다.

"아닙니다, 러쓰 형제님. 그건 은행에 10불을 예금하고 그 이자를 기대할 경우와 좀 더 비슷한 것 같습니다. 은행에서는 언제라도 이자를 지불할 준비가 되어 있지만 실제로 은행에 들러 자기 돈을 예금하는 사람만이 그 이자를 받을 수 있습니다. 이런 사람들은 이자를 지불해 준다는 은행의 약속에 대한 믿음이 있음을 행동으로 보여 주는 것입니다. 이들만이 이자를 받게 됩니다. 그러므로 그 제목으로는 '하나님께 예탁하라'라고 붙이면 좋겠습니다."

나는 그가 개념을 잘 파악했다고 봅니다. 은행 예금과 하나님께 예탁하는 것의 차이점은 유명 은행에 돈을 불입하면 1년에 약 10% 남짓 되는 수익을 거두지만 하나님께 예탁하면 적게 불입하고도 엄청난 수익을 거둔다는 데 있습니다. 하나님께서는 하늘 문을 열고 복을 쌓을 곳이 없도록 부어 주십니다.

당신 편에서의 조그만 믿음의 행동은 하나님 편의 크나큰 행동을 요청하는 셈이 됩니다.

짐과 카렌 부부는 결혼한 지 2년 반이 지난 뒤 아기를 가질 수 없다는 걸 알게 되어 입양 알선 기관에 문의하기 시작했습니다. 그러나 그로부터 2년 반을 기다리다가 그들은 다시 자신들이 과연 아기를 얻을 수 있을까 하는 의심이 생기기 시작했습니다.

그러자 주님께서는 자기를 믿을 때 이적을 베풀길 원하신다는 사실을 그들에게 보여 주기 시작하셨습니다. 이들은 믿음 공부 반에 참석하여, 첫째 시간에 그 분기 동안 하나님께서 자신들에게 이루어 주시길 원하는 것이 있으면 적어서 제출하라는 과제를 받게 되었던 것입니다. 그들은 함께 딸아이를 주실 것을 믿기로 서로 뜻을 모았습니다.

이제 두 사람은 아기를 위해 기도하기 시작했는데, 카렌이 기도하던 중에 하나님께서는 성경의 한 이야기를 생각나게 해주셨습니다. 이스라엘 자손들이 홍해 가까이에 이르러 애굽 군대로 말미암아 궁지에 몰렸을 때 모세는 하나님께 부르짖으며 도와주시길 간청했습니다. 그때 하나님께서는 도와주시겠다고 약속하셨습니다. 이것은 곧 카렌이 자기들의 문제에 대해 느끼는 것과 같은 맥락의 이야기였습니다. 즉 그들의 경우는 아기를 위해 하나님께 부르짖는 것이었고, 또한 하나님께서 기적을 베푸실 것을 믿는 것이었습니다.

그때 하나님께서 다시 모세에게 말씀하셨습니다. "이제 기도는 그만 하고, 백성들을 앞으로 나아가게 하라!"(출애굽기 14:15). 이 구절 말씀이 카렌에게는 하나님께서 이렇게 말씀하시는 것으로 생각되었습니다. "자, 지금까지 너희는 가만히 앉아 기도는 할 만큼 했으니, 내가 아이를 줄 것을 믿는다면 이제 일어나서 네 믿음을 보여 주는 어떤 일을 실행해 봐라."

그들은 이에 따랐습니다. 그들은 함께 나가서 베이비파우더와 로션을 샀으며, 카렌은 덴버에 사는 자기 언니에게 전화를 하여 곧 아기를 얻을 것 같으니까 지금까지 모아둔 아기 옷가지들을 보내 달라고 부탁했습니다.

그로부터 2주가 채 못 되어 입양 알선 기관으로부터 전화가 왔는데 한 여아가 그들을 기다리고 있다는 소식이었습니다. 짐과 카렌 부부는 베이비파우더, 로션, 옷가지 등을 통하여 전폭적으로 하나님을 믿는다는 것을 실증했으며, 이렇게 하여 완성된 믿음은 그들이 그토록 갈망하던 아기를 얻을 수 있게 해주었습니다.

이런 완성된 믿음은 "혈루증"을 앓던 여자가 고침을 받았을 때 가졌던 믿음과 똑같습니다(마태복음 9장).

그 여자가 예수님을 따르던 무리 가운데 섞여 있다가 예수님 뒤로 다가와서 손을 댄 것은 예수님이 어떤 랍비의 딸을 고치려고 가시던 도중이었습니다. 그녀는 12년 동안이나 일종의 출혈 증세로 고생해 왔었는데 마침내 예수님 안에서 치료책을 찾았다고 믿었습니다.

마태복음에서는 그 여자가 당시 예수님께로 다가갈 때 생각했던 바를 전해 주고 있습니다. 그 겉옷만 만져도 구원을 받겠다(9:21).

그녀가 예수님 가까이 나아가 그 겉옷 자락을 만지자 예수님께서 돌아보시며 말씀하셨습니다. "딸아, 안심하라. 네 믿음이 너를 구원하였다"(9:22).

그녀의 믿음이 그녀를 고친 것이 분명합니다. 그러나 그것은 행동으로 완성된 믿음이었습니다. 그녀는 다만 자기 방에 앉아 차나 마시면서 그 일이 일어나도록 바라기만 하지 않았습니다. 그녀는 발걸음을 내딛어 곤란을 무릅쓰고 나아갔습니다. 만약 예수님을 만졌는데도 병 고침을 얻지 못하는 경우에 그녀는 같은 마을에서 온 사람들도 많이 끼어 있었을 무리 앞에서 부끄러움을 당할 각오가 되어 있어야 했습니다. 그녀는 그런 가운데서 자기의 믿음을 행동으로 실증했던 것입니다.
 노마는 위궤양이 있었습니다. "저는 고통이 하도 심해서 이제 가족들을 돌보는 일이나 평소 하는 집안일조차 못할 지경이 되었어요. 그러니 제 성질도 거칠어지고 생활에 전혀 활기가 없을 수밖에요." 그녀는 하소연하는 듯한 목소리로 말했습니다.
 그러나 그녀는 하나님께서 하실 수 있는 일에 대하여 들은 후 하나님은 그녀를 고치실 능력과 마음을 갖고 계시다는 것을 깨닫게 되었습니다. 그리하여 그녀는 자신이 하나님을 참으로 믿는다면 하나님께 행동으로 예탁해야 할 필요가 있다고 생각하고 그렇게 하기로 마음먹었습니다.
 "그런데 저는 무엇을 예탁해야 될지 모르겠어요." 그녀는 생각을 가다듬으며 말했습니다. "하지만 저는 생활을 계속 꾸려 나가야 한다고 생각돼요. 가족들을 돌봐야 하거든요. 이제 저는 위궤양이 전혀 없는 것처럼 제 일을 계속해 나가야겠어요. 그것이 곧 하나님께서 저를 치료해 주시리라 믿는 것을 행동으로 하나님께 말씀드리는 길인 것 같거든요."
 그리하여 그녀는 고통을 무시한 채 일에 나섰습니다.
 3일이 지난 후 친구들로부터 전화가 왔는데 그날 콜로라도스프링스를 두루 드라이브하며 여행하고 싶다고 해서 노마는 그들을 위해 오찬을 마련했습니다. 이리저리 쓸고 닦고 진공청소기를 끌고 다니다가 그녀는 위벽에 천공이 생겨서 긴급 수술을 받기 위해 병원으로 옮겨졌습니다.

6일 후 노마는 퇴원을 했습니다. 고통은 씻은 듯 사라졌고 합병증세도 없었습니다. 그러나 주님께서는 위궤양에 대한 응급조치 이상의 조치를 취해 주셨습니다. 입원해 있던 동안 노마는 그녀가 위궤양에 걸렸던 이유는 일상생활에서 부딪치게 되는 모든 문제들을 하나님께 가져가지 않았었기 때문이라는 것을 깨닫게 되었습니다. 그래서 그녀는 그 후로 모든 짐들을 하나님께 가지고 나아가기로 마음먹었습니다.

6개월 후 그녀는 이런 소식을 전해 왔습니다. "어쩜, 이렇게 놀라울 수가 없어요! 지금까지 위장에 아무 문제도 재발하지 않았거든요. 그뿐만이 아니어요. 그 후로 저는 모든 문제를 주님께 맡기고 근심하지 않게 되었어요."

그녀는 예탁을 했고, 그 결과로 자신이 믿고 바라던 완전한 치료를 받을 수 있었던 것인데, 그렇다고 꼭 그녀 자신이 기대하던 방식대로 치료받았던 것은 아니었습니다!

예탁은 왜 하는가

하나님의 약속은 대개 당신이 이행해야 할 조건과 짝지어져 있습니다. "누구든지 주의 이름을 부르는 자는 구원을 얻으리라"(약속: 구원, 조건: 부르는 것). "주라. 그리하면 너희에게 줄 것이니"(약속: 하나님의 풍성한 공급, 조건: 당신이 주는 것). 이 밖에도 당신은 100개 이상의 약속과 그에 따른 조건을 손쉽게 열거할 수 있을 것입니다. 찾으라, 그러면 찾을 것이요. 감사함으로 기도하라, 그리하면 하나님의 평강을 얻으리라. 구하라, 그리하면 너희에게 주실 것이요.

약속에 조건이 따르는 이유는 하나님이 기적을 베푸실 때 대개는 어떤 것을 출발점으로 삼아 시작하시기 때문이라고 성경이 말해 주고 있습니다. 그는 대지의 흙으로 사람을 창조하셨고 갈빗대 하나로 여자를 만드셨으며, 물로 포도주를, 그리고 떡 다섯 개와 물고기 두 마리로 5,000명이 먹을 것을 만드셨고, 군대로 하여금 다만 성 주위를 돌게 하심으로써 여리고 성을 무너뜨리셨습니다.

당신의 믿음의 삶에서도, 하나님께서는 당신이 보여 주는 믿음의 행동들을 그의 기적을 이루시는 토대로 삼으십니다. 그는 아기를 주시기 위해서 베이비파우더를 사용하셨고, 혈루증을 고치시기 위해 예수님의 옷자락에 손을 대는 행동을 사용하셨습니다.

네브래스카 주에 사는 한 젊은 그리스도인은 추수 감사절에 즈음하여 자기가 일하던 이발소로부터 휴가를 얻는 일에 하나님을 의뢰하리라 마음먹었습니다. 그의 믿음을 완성시키기 위해서는 행동이 뒤따라야 할 필요가 있는 것을 깨닫고 나서 그는 한 특별한 선교를 위하여 15불을 헌금하기로 작정했습니다. 그는 하나님께서 그 모든 일을 이루시리라는 것을 굳게 확신한 나머지 주인에게는 휴가라는 말조차 꺼내지 않았습니다.

나중에 주인이 그에게 와서 말했습니다. "빌, 오는 공휴

일에 대해서 생각 중인데 말이야. 추수 감사절에 이어서 주말에는 휴업을 하려고 하는데 자네 생각은 어떤가?" 빌은 미소를 지으며 대답했습니다. "아저씨의 가게인데 아저씨 생각에 가장 좋은 대로 해야 되지 않겠어요?"

하나님은 15불 예탁으로 완성된 빌의 믿음을 취하여 빌이 구하고 있던 기적을 이루시는 데 사용하셨습니다.

무엇을 예탁할까

예탁하는 것과 관련된 문제 중 가장 흔한 의문점은 아마도 무엇을 예탁하느냐 하는 것일 것입니다. 그것은 노마 부인이 자기 위궤양을 하나님께서 치료해 주실 것을 믿으면서 품게 되었던 것과 똑같은 의문점입니다. 그녀는 무엇을 예탁해야 하는지, 즉 그녀의 병을 치료하기 위해 무엇을 미리 맡겨야 하는지 알기 위해 고심했던 것입니다.

가능하면 당신이 받고 싶은 것을 예탁하십시오. 사르밧 과부는 음식을 예탁하여 하나님께로부터 음식을 되돌려 받았습니다(열왕기상 17장 참조).

하나님께서 땅 위에 가뭄을 내리시는 동안 엘리야는 사르밧으로 가라는 명을 받았습니다. 거기에 가면 한 과부가 가뭄 기간 동안 그에게 음식을 제공할 것이라는 말씀도 들었습니다. 그러나 하나님께서 택하신 바로 그 과부는 자신들의 끼니도 걱정해야 할 형편이었습니다. 엘리야가 그녀를 찾았을 때, 그녀는 아들과 함께 마지막 끼니를 지을 불을 지피려고 성문 근처에서 나뭇가지를 줍고 있었습니다. 그들은 먹을 것이 거의 바닥나 있었고 굶어 죽기 직전에 처해 있었습니다.

그러나 엘리야는 하나님께서 그녀를 위해 더 풍성하게 공급하실 것을 믿고 그 마지막 남은 음식을 자기에게 달라고 부탁했습니다. 그 과부는 그의 말대로 했고, 그 결과에 대해 성경은 이렇게 기록하고 있습니다. "통의 가루가 다하지 아니하고 병의 기름이 없어지지 아니하니라"(열왕기상 17:16). 작은 기름병에서는 계속 기름이 나왔으며, 밀가루 통에도 밀가루가 계속해서 끊이지 않았습니다.

그녀의 필요는 먹을 것이었으므로, 그녀는 먹을 것을 예탁했습니다.

댄과 필리스 부부가 시작하려고 하는 성경 캠프는 믿음을 건 모험이었는데, 그들은 재정이 워낙 빈약했습니다. 마침 승용차도 수명이 다 되어 어려움을 더해 주었습니다. 그리하여 그들의 긴급한 필요를 적은 기도 제목의 맨 처음에는 "교통수단"이라고 적혀 있었습니다. 댄은 오토바이가 있었지만 가족용 교통수단으로는 부적합했습니다.

그들은 자신들의 믿음에 무엇을 더해야 할 것인지, 다시 말하면 무엇을 예탁해야 할 것인지에 대하여 토의하게 되었습니다. 그들에게 필요한 것이 교통수단이었으므로, 사르밧 과부처럼 그들도 교통 문제에 어려움이 있어 자기들의 도움을 필요로 하는 사람을 보내 주시도록 하나님께 간청했습니다.

그날 밤 전혀 모르는 사람으로부터 전화가 와서 처음에는 잘못 연결된 전화로만 생각했는데 그것은 그들의 기도에 대한 응답이 되었습니다. 사실 전화를 걸어 온 부부는 어떤 교회의 전화번호로 알고 걸었는데 어쩌다가 댄과 필리스 부부의 집에 통화가 된 것 같다고 말했던 것입니다. 그들은 그 근처를 지나다 자동차가 고장 나서 도와줄 사람을 찾고 있었습니다. 댄은 즉각 하나님께서 역사하고 계심을 깨닫고 그들을 맞아들여 음식을 대접하고 자동차가 정상적으로 운행할 수 있도록 손봐 주었습니다. 그러나 자동차가 굴러 갈 수 있다는 것만으로는 그다지 큰 도움이 될 수 없었던 것은 그들 부부가 돈은 다 떨어졌는데 자동차 기름마저도 거의 바닥나 있었기 때문이었습니다. 필리스는 즉시 지갑에 있는 7불-그녀 수중에 남은 마지막 7불-이 생각나 그것을 모두 그들에게 주어 주유를 하게 한 다음 떠나보냈습니다. 이제 믿음의 예탁이 이루어진 셈이었습니다.

하룬가 이틀인가 지났는데 서로 잘 아는 한 사람이 들렀습니다. "댄, 자네가 오토바이를 가진 걸 알고 있는데, 내가 꼭 그런 종류의 것이 필요하단 말일세. 자네가 원한다면 내가 가진 밴과 바꾸고 싶은데, 어떤가?"

주님께서는 그들이 예탁한 것에 대해 꼭 그들에게 필요한 것으로 채워 주셨고, 그 밴은 다시 팔 경우 오토바이보다 훨씬 비싼 값을 받을 수 있기 때문에 재정상의 특별 보너스도 주신 셈이 되었습니다.

엄청난 수익이 보장되는 예탁을 하십시오 111

　　노마의 남편 척도 자기가 받고 싶은 것을 하나님께 드리는 법을 배웠습니다.
　　척은 공군에 있다가 제대하게 되었는데, 그가 군 생활 동안에 했던 일은 일반 사회생활에서는 찾아보기 힘든 일이었으므로 그는 전적으로 새로운 일거리를 찾아야 했습니다.
　　한 달 동안 찾고 찾은 끝에 그는 전기 기사 견습공을 시작하게 되었는데 일이 잘 풀려 나가는 것 같지 않았습니다. 그가 하는 일은 손에 심한 고통을 주는 것이었는데, 손을 제대로 쓸 수 없는 전기 기사는 앞으로의 전망이 별로 좋지 못하므로, 척은 이 일이 과연 하나님께서 자기에게 주신 일일까 하는 의심이 생기기 시작했습니다.
　　이에 대해 줄곧 생각하던 중 그는 평소 자기가 하고 싶었던 한 가지 일을 생각해 냈습니다. 그것은 학교 교사가 되는 것이었습니다. 그렇지만 그는 당시로서는 대학을 졸업하지 못한 상태였고 다 마치려면 2년 반을 더 다녀야 했는데, 학업을 계속하면서 가족을 부양할 수 있는 방도가 없었습니다.
　　척과 노마는 같이 앉아 재정 형편을 이리저리 계산해 보았지만, 결론은 그의 퇴직금과 연금만으로는 수지 균형을 맞추어 나갈 수가 없다는 것이었습니다. 그래서 그들은 기도하기 시작했습니다.
　　그들은, 예탁하는 것에 관하여 들은 후, 이제 기도는 그만두고 무언가를 행동으로 보여야 할 때가 왔다고 생각했습니다. 그리하여 척은 교사라는 새로운 직업을 얻기까지 공부하는 데 드는 돈을 하나님께서 공급하시리라 믿고 그가 가진 직업을 예탁했습니다. 그는 전기 회사에 사표를 냈던 것입니다.

나중에 척은 이런 편지를 보내 왔습니다. "저는 계속 대학에 등록하여 현재까지 3학기를 마쳤습니다…." 그 후로도 소식을 전해 왔습니다. "우리의 재정 형편은 좋습니다. 풍족한 생활비가 있으며 주님께서 지금까지도 계속 공급해 주셨습니다. 오는 6월에는 학위를 받아 가을 학기부터는 교단에 서게 됩니다. 우리는 하나님께서 어떻게 역사하시는가를 보고 다만 놀랄 뿐이며, 그동안 한 가지 배운 것은 하나님의 풍성한 은혜를 제한하는 유일한 요소는 바로 주시고자 하시는 하나님을 제한하는 우리에게 있다는 사실입니다."

그는 일자리를 얻기 위해 일자리를 예탁했습니다.

하나님께서 당신에게 요청하시는 것을 예탁하십시오. 때로는 당신이 무엇을 예탁해야 할지 헤아리기 곤란한 경우가 있습니다. 하나님께서 당신에게 무엇을 해야 할지를 명확하게 보여 주실 때 당신이 해야 할 예탁이란 단지 순종으로 행하는 것뿐입니다.

예수님의 초기 사역 시에 일어났던 기적이 그 한 예가 됩니다. 예수님의 모친이 그에게 혼인식 잔치에 쓸 포도주를 공급해 줄 것을 의뢰하자 그는 자기 모친에게 어떤 행동을 취해야 할 것인가를 정확하게 말해 주었습니다. 그는 항아리에 물을 가득 채우라고 하셨는데, 물이 가득 채워지자 물은 곧 포도주로 변했습니다.

주님께서는 때로 말씀을 사용하여 어떤 것을 예탁해야 할지를 알려 주십니다.

짐은 모친상을 당하여, 장례식을 치르러 고향으로 내려가기 위해서는 얼마간의 비용이 필요했습니다. 그는 공급해 주신다는 약속을 믿으며 하나님께 간절히 구했습니다. 그는 자기 사무실에 앉아 있다가 불현듯 몇몇 친구에게 전화를 걸어 봐야겠다는 생각이 났습니다. 왜냐하면 그들은 그의 필요를 알기만 하면 기꺼이 도와줄 만한 친구들이었기 때문입니다.

"적어도 나의 사정을 알리는 것이 불쾌하게 생각되지는 않겠지" 하고 그는 스스로 합리화해 보았습니다.

그는 한 친구의 전화번호를 따라 다이얼을 돌리기 시작했는데, 곧 뒤이어 하나님의 음성이 들리듯이 다음 말씀들이 생각났습니다. "너는 여호와를 바랄지어다. 강하고 담대하며 여호와를 바랄지어다"(시편 27:14). 하나님께서는 그가 믿음을 완성하기 위해 참으로 무엇을 예탁해야 할 것인가에 대해 말씀하고 계셨던 것입니다. 그는 기다림을 통하여 믿음의 예탁을 할 필요가 있었습니다.

그러자 곧 한 친구로부터 전화가 왔습니다. "짐, 방금 자네 모친 소식을 들었네. 나는 자네가 장례식을 준비하기 위해 고향에 내려갈 때 교통편의를 좀 도와주고 싶어. 그리고 그렇게 갑작스럽게 고향에 가려면 주머니 사정도 좀 어려우리라 생각되는데 그 문제도 좀 도와주고 싶고."
 짐은 순종했었고, 하나님께서는 그 순종을 믿음을 완성시키는 행동으로 여기고 받아 주셨습니다.
 당신은 돈을 예탁할 수 있습니다. 돈을 믿음의 예탁물로 하나님께 맡기는 면에서라면 세실 피퍼의 이야기가 큰 힘이 될 것입니다. 세실은 아내와 함께 하나님께서 형을 그리스도께로 인도해 주시리라 믿으며 그 형의 구원을 위해 기도해 왔었습니다.
 '지금이야말로 형의 구원을 위해 하나님께 무언가를 예탁해야 할 때야' 하고 세실은 마음먹었습니다. 그는 자기 형의 몇 가지 어려운 사정을 아는 터라, 100불을 우편으로 부치고 쪽지에는 "예수님으로부터"라고 적었습니다.
 나중에 세실은 할머니 장례식 때 형을 만났고, 주님께서는 그때 세실이 복음을 나눌 수 있는 특별한 기회를 만들어 주셨으며 결국 그는 형을 그리스도께로 인도하게 되었습니다.
 나는 세실에게 이렇게 물었습니다. "형이 그리스도를 영접하는 데 100불씩이나 듭니까?"
 그는 미소를 띠며 "물론이죠!" 하고 힘주어 말했습니다.
 세실과 그의 아내는 자신들의 믿음을 완성시키는 일에 주저하지 않았던 것이며, 그 결과 그 믿음이 역동적이며 살아 있는 믿음이 되었고, 이에 하나님께서는 그들을 위해 역사하셨던 것입니다.
 나는 전에 한동네 이웃들로 구성된 성경공부 반을 인도

했었는데, 참석자 중에 한 사람은 하나님께 예탁함으로써 자기 믿음을 완성시킨다는 것에 대하여 처음으로 깨닫게 되었습니다. 그때 나는 시내의 그리스도인을 위한 강습회에서 믿음에 관한 강좌를 맡아 가르치게 되었는데 그 등록금이 10불 정도 될 거라는 것을 그 그룹에서 이야기했습니다. 성경공부가 끝난 다음에 그 사람이 내게 다가와 20불을 건네며 말했습니다.

"저, 러쓰 씨, 이건 믿음에 관한 강좌를 듣기 위한 두 사람분 등록금인데요, 저의 집을 팔기 위해 하나님께 예탁하고 싶습니다."

내가 보기에도 그의 집은 지은 지 20년이나 되어 낡은 데다, 그가 팔려고 내놓았을 당시엔 2,900불짜리 다른 집들도 나와 있던 터라, 팔릴 가망이 전혀 없어 보였습니다. 그러나 얼마 후 하나님께서는 정상적인 절차를 거쳐 그 집을 팔 수 있게 해주셨습니다. 그의 집이 팔린 주간에 매매된 집은 겨우 50채였는데, 사실 콜로라도스프링스 전역에서 일주일간 100채가 매매된다 하더라도 매우 부진한 편에 속하는 것이었습니다. 그뿐만 아니라 그 집은 예상보다 500불이나 웃도는 가격에 팔렸다고 했는데, 이 사실은 그 계약을 추진했던 세 명의 부동산 소개업자가 다같이 인정한 것이었습니다.

이렇게 하나님께서는 20불의 예탁금을 폭발적으로 키워주셨던 것입니다.

당신이 예탁하기 원하는 거의 모든 것이 하나님을 움직입니다. 참으로 그렇습니다. 당신의 믿음에 더하길 원하는 거의 모든 행동의 예탁이 역사를 일으킬 것입니다. 이는 예탁하는 것 자체가 하나님께서 역사하시도록 하는 것이 아니라 믿음이 그렇게 하기 때문입니다.

혈루증 앓던 여자가 고침받았을 때, 예수님은 "내 옷 가에 손댄 것이 너를 구원하였느니라" 하고 말씀하시지 않고 "네 믿음이 너를 구원하였느니라" 하고 말씀하셨습니다. 20불을 헌금한 것으로 말미암아 예상했던 것보다 훨씬 비싼 값에 집을 팔게 되었다고 해서, 당신도 한 선교사에게 20불을 부치면 틀림없이 집을 팔 수 있게 될 거라고는 생각하지 마십시오. 당신이 믿고 의뢰해야 할 대상은 예탁 자체가 아니라 하나님입니다. 예탁은 다만 그 헌신의 믿음을 마무리 지어 줄 뿐입니다.

프레드와 그의 아내는 4년 동안 아기를 갖고자 애썼지만 별 도리가 없었습니다. 그들은 검진도 받고 의사들의 조언대로 따르기도 했습니다. 그러던 중 행동으로 완성되는 믿음에 대하여 듣고 그들은 어쩌면 하나님께서 역사하실지 모른다고 새롭게 마음먹게 되었습니다.

그리하여 그들은 하나님께 아기를 주시길 구하고, 아이티에 있는 한 고아의 부양비에 보태 쓰도록 매월 12불을 보냄으로써 그들 자신의 믿음을 완성시켰습니다. 그 일을 시작한 지 2개월 후, 프레드의 아내는 아기를 갖게 되었습니다.

그러나 그들이 아기를 얻게 된 것은 먼저의 베이비파우

더와는 확실히 다른 종류의 예탁으로 말미암은 것이라는 점을 주의해야 할 것입니다. 당신의 믿음이 행동에 의하여 완성되기만 하면, 예탁의 종류는 문제가 되지 않습니다.

하나님께서 하실 일을 남겨 놓을 것

예탁을 한다는 것은 당신은 조금 일하고 하나님께서 많이 일하시도록 하는 것이라는 사실을 기억하십시오. 당신의 믿음에 행동이 뒤따라야 한다는 생각이 자칫 스스로의 노력으로 비화되지 않도록 하십시오.

네브래스카 주에 사는 한 부인은 대만에 있는 아들을 보러 여행할 수 있게 해달라고 하나님께 간구하고 있었습니다. 그녀는 이제 노년에 접어든 데다 직장 일도 일주일에 이틀만 했으므로, 그 계획은 확실히 믿음으로 발걸음을 내디뎌야 하는 것이었습니다. 그녀의 수입이 극히 제한되어 있었기 때문입니다. 그러나 그녀는 하나님의 수입은 무한하다고 생각하면서 여행할 수 있도록 해주시길 바라며 하나님께 나아갔습니다.

나는 그녀가 믿음을 완성하기 위해 하나님께 무엇을 예탁했는지 물었습니다.

"저는 어느 선교사님께 15불을 보내 드리기로 작정했어요." 그녀의 대답이었습니다.

"그렇지만, 러쓰 형제님, 다 아시겠지만요. 그 15불을 보내는 일이 지독히도 힘들었어요. 저는 사실 여행 비용을 마련하기 위해 은행에 저축하길 원했었어요. 웬일인지 그게 좀 더 현명한 방법 같았거든요. 하지만 그렇게 하지 않고 제가 그걸 선교사님께 보내는 경우, 하나님께서 그 여행을 예비해 주시지 않으면 제 자신이 어떤 인간적인 방법으로도 해결할 길이 없다는 것은 제 자신에게나 다른 사람에게도 분명할 것이라 생각되어 그렇게 하기로 했던 거예요."

하나님은 몇 가지 특이하고 놀라운 방법으로 공급하셨고, 그녀는 저 멀리 동양으로 날아가 아들을 만나게 되었습니다.

당신의 필요가 300불짜리 접시 닦는 기계여서, 그 값을 지불하기 위해 앞으로 10주 동안 매주 30불씩 주급에서 떼어 저축한다고 합시다. 그러나 이 일은 믿음에 의한 것이 아니며 그 행동이 믿음을 예탁하는 것도 아닙니다. 그것은 오히려 당신 자신을 의뢰하는 것이나 마찬가지입니다.

참된 믿음의 예탁은 하나님의 중간 개입이 없으면 당신의 모험이 실패로 돌아갈 것이 뻔한 경우에 이루어지는 것입니다.

어떤 성 주위를 일주일 동안 돈다고 해서 그 성벽이 무너진다고 말할 공학 기사는 없습니다. 또한 넘칠 듯이 흘러가는 강물 속으로 걸어 들어가는 것이 금방 그 물을 말리는 방법이 될 수도 없습니다. 작업량을 늘리는 것이 위궤양을 치료하는 방법인지 확인해 보려고 구태여 의과대학에까지 찾아갈 필요도 없습니다.

이런 행동들에 하나님이 함께하시지 않았더라면, 그들은 그 일에 실패할 수밖에 없었습니다.
　당신이 평범한 자연적인 일을 하고자 한다면 자연적인 수단을 의존하십시오. 하지만 당신이 초자연적인 결과를 추구하고자 한다면 자연계에서는 통용되지 않는 수단들을 사용하도록 하십시오.
　당신은 조금밖에 일하지 않더라도 그 일이 믿음의 완성이기만 하면, 하나님은 많은 일을 하십니다.
　하나님께서 당신 안에서 그리고 당신을 위하여 큰일을 이루시길 원합니까? 그러면 하나님을 믿으십시오. 그리고 당신의 그 믿음을 행동으로 완성시키십시오. 하나님께서는 반드시 당신의 믿음을 취하고, 그것을 사용하여 당신이 원하는 기적을 이루어 주실 것입니다. 당신은 엄청난 수익이 보장되는 예탁을 한 것이 될 것입니다.

120 능히 이루시는 하나님

6

하나님을
기대하는 삶을 사십시오

누구보다도 하나님의 마음을 기쁘게 할 수 있는 사람은 하나님께서 하시겠다고 말씀하신 일은 꼭 하신다는 사실을 참으로 확신하며 기대 가운데 사는 사람입니다. 확신은 유능한 곡예사가 안전그물도 없이 외줄을 타는 곡예와 같습니다. 확신을 가진 사람은 사울의 군대에 포위된 가운데서도 마치 그들이 쳐들어오기를 바라는 듯 어린애처럼 잠든 다윗과 같으며, 팔 밑에 낙하산을 매지 않고 보잉 747기를 타는 사람과도 같습니다.

확신, 기대, 그것은 아브라함과 같은 사람의 삶의 모습입니다. 아브라함이 기대하며 살았던 삶의 모습을 특히 뚜렷하게 보여 준 경우는 하나님께서 그의 아들 이삭을 번제로 드리라고 말씀하신 때였습니다(창세기 22장).

이삭은 사라에게서 낳은 아브라함의 독자로서 늘그막에 얻은 자식이었습니다. 그러므로 그 부자간에 어떤 특별한 관계가 있었는가는 짐작하기 어렵지 않습니다. 이삭은 아브라함에게 가장 귀한 보배였음에 틀림없습니다. 그러나 더 나아가 이삭은 아브라함에게 단지 "아비를 꼭 닮은 자식" 그 이상으로 귀한 존재였습니다. 오래 전에 하나님께서는 아브라함에게 큰 민족의 조상이 되게 하리라고 약속하셨던 것입니다. 사람이 없이는 민족을 이룰 수가 없습니다. 그러므로 이삭은 아브라함 생애의 꿈과 하나님의 소명을 성취하는 시발점이었던 것입니다.

그런데 하나님은 그 아이를 재물로 드리라고, 다시 말해 그를 죽여 번제로 드리라고 요구하신 것입니다. 하나님께서, 분명히 그에게 한 민족을 약속하셨던 하나님께서 이제 100년 정도나 지나야 이루어질까말까 한 민족의 첫출발에 불과한 그 아이를 없애라고 말씀하신 것입니다. 만약 하나님의 목적이나 계획에 대해 한순간이라도 의심할 만한 때가 있다면 바로 이런 때일 것입니다. 그것은 마치 하나님께서 당신을 GM 자동차회사의 사장으로 삼으려 한다고 말씀하시고 실제로 당신을 그 회사의 부사장 직에까지 오르도록 기적을 베푸신 다음에는 갑자기 그 일을 그만두라고 명령하시는 것과 같은 상황입니다. 인간적으로 말해서, 하나님께서 여전히 당신을 GM 자동차회사의 사장으로 세우려는 계획을 추진 중이라고 보기는 어렵습니다.

아브라함은 여전히 하나님께서 그의 약속을 신실하게

하나님을 기대하는 삶을 사십시오 123

지키실 줄로 믿었고, 따라서 그는 하나님께서 그 아이를 죽이라고 말씀하시는 것은 필경 그를 죽은 가운데서 다시 살리시려는 계획을 갖고 계실 것이라고 결론을 내린 것이 분명합니다.

아브라함과 이삭은 제사를 드릴 산으로 두 사환을 데리고 갔습니다. 그들이 산으로 올라가기 시작할 무렵, 아브라함은 사환들에게 "너희는 나귀와 함께 여기서 기다리라. 내가 아이와 함께 저기 가서 경배하고 너희에게로 돌아오리라"(창세기 22:5)고 말했습니다.

아브라함은 여기서 자기와 아이가 함께 갔다가, 자기와 아이가 함께 돌아오리라고 선언했습니다. 그는 하나님의 명령에 순종하여 이삭을 죽일 뜻이 충분히 있었지만, 동시에 그는 하나님께서 그를 다시 살리실 것으로 기대했던 것입니다. 그는 자기들 둘이 모두 돌아오리라고 사환들 앞에서 약속할 만큼 믿음으로 기대하고 있었습니다. 이것이 기대하는 마음입니다. 아브라함이 하나님의 친구라 일컬음을 받은 이유 중에 하나가 바로 이것입니다.

기대, 그것은 당신이 믿음으로 발걸음을 내디딘 후 당신에게 꼭 필요한 태도이며 하나님께서 약속을 성취하시기까지 당신이 거쳐야 할 난관들을 극복하는 데 필수적인 태도입니다.

예수님은 말씀하셨습니다. "내가 진실로 진실로 너희에게 이르노니, 누구든지 이 산더러 들리어 바다에 던지우라 하며, 그 말하는 것이 이룰 줄 믿고 마음에 의심치 아니하면 그대로 되리라"(마가복음 11:23).
 산을 움직이기 위한 유일한 조건은 의심을 버리고 기대하는 것뿐입니다.
 어쩌면 당신은 로키 산록에서 휴가를 보내는 동안 이 구절을 읽고 자기도 이제 그렇게 한번 시도해 보겠다고 결심했던 어떤 부인과 같은 생각을 가지고 있을지도 모릅니다.
 그녀는 무릎을 꿇고 기도하기 시작했습니다. "주여, 창밖에 산이 있습니다. 주님께서는 저 산을 들어 태평양에 던질 수 있다고 말씀하셨으니 이제 주님께서 그대로 시행하시길 구합니다."
 그녀는 곧 자리에서 일어나 창가로 달려갔습니다. 산은 여전히 그 자리에 있었습니다. "하! 내 꿈쩍도 안 할 줄 알고 있었지." 그녀는 뾰로통하여 말했습니다.
 그녀는 꿈쩍도 안 할 줄로 알았고, 실제로 아무 일도 일어나지 않았습니다.
 믿음은 과연 놀라운 능력이 있지만, 의심도 마찬가지입니다. 의심은 당신이 믿음의 모험을 떠날 때 제동을 걸 수 있으며, 모험 중일 때는 도중에서 그만두게 할 수 있습니다.
 당신이 아는 사람 중에 물결에 이리 밀리고 저리 밀리는 가랑잎처럼 영적으로 견고하지 못한 사람이 있습니까? 그런 사람은 오늘은 하나님께서 이루어 주시리라 믿고 있는 이런저런 일에 대해 반짝하고 타오르지만, 내일은 그 모든 것을 다 팽개쳐 버리게 됩니다. 왜 그럴까 하고 이 문제에 대해서 생각해 보신 적이 있습니까? 야고보는 그런 종류의 행동의 원인과 결과에 대해 이렇게 경고하고 있습니다.

"너희 중에 누구든지 지혜가 부족하거든 모든 사람에게 후히 주시고 꾸짖지 아니하시는 하나님께 구하라. 그리하면 주시리라. 오직 믿음으로 구하고 조금도 의심하지 말라. 의심하는 자는 마치 바람에 밀려 요동하는 바다 물결 같으니, 이런 사람은 무엇이든지 주께 얻기를 생각하지 말라"(야고보서 1:5-7).

의심은 막강한 것입니다. 의심은 당신을 불안하게 하고 불안정하게 만들며 당신의 요동하는 감정을 부채질하고 사탄의 공격에 대해 무방비 상태로 만들 수 있습니다. 의심은 당신의 기쁨을 앗아가며 하나님과의 교제를 파괴할 수도 있습니다. 또한 그 의심은 하나님께서 당신을 위해 하고자 하시는 일을 방해할 수도 있습니다.

그러므로 의심에 대해 잘 이해하는 것, 즉 그것이 어디로부터 나오며 그것을 어떻게 처치해야 하는가를 아는 것은 기대하는 삶을 사는 데 극히 중요합니다.

무엇이 의심을 불러일으키는가

의심은 두려움에 의해서, 다른 사람들의 부정적인 영향에 의해서, 또는 마귀의 정면 공격으로 말미암아 야기될 수 있습니다.

두려움은 의심하게 합니다. 의심과 두려움은 파괴를 일삼는 동역자입니다. 즉, 두려움이 당신으로 하여금 하나님을 불신하게 하지 못하면 의심이 틀림없이 그 일을 할 것입니다.

당신은 두려움을 익히 알 것입니다. 당신의 마음에 "만약 …하면 어쩌지?" 하는 생각이 떠오를 때마다 두려움은 그 추한 머리를 쳐들곤 합니다.

어쩌면 당신은 명성에 대한 두려움이 있는지도 모릅니다. 이 일이 잘 안 되면 어쩌지? 혼자만의 생각이 꼬리를 뭅니다. 사람들이 뭐라고 말할까? 멋진 사람이라고 알려져야 할 텐데. 아니면 유별난 영적 거인 중의 하나로 꼽혀야 할 텐데.

우리는 모두 이런 것들에 민감합니다. 우리 가족이 서북부 지방으로 이사한 후 집을 찾을 때 하나님의 인도하심을 따르기 곤란했던 것도 바로 나의 명성, 곧 체면에 대한 염려 때문이었습니다.

우리는 전세 낼 집을 찾느라고 6주일이나 걸렸습니다. 그 기간 동안 아내와 두 아이들과 나는 전부터 잘 알고 지내던 부부의 조그만 아파트에 머물렀습니다. 공간이 비좁을 대로 비좁아 압박감이 가중되었습니다. 그래서 나는 한 그럴듯한 집을 찾자마자 계약을 해버렸습니다.

그러나 그 결정을 한 직후 주님께서는 그 일에 대하여 내 마음에 평안이 없게 하셨습니다. 어느 날 집에 차를 몰고 오면서 나는 기도했습니다. "주님, 이 집이 주님 보시기에 우리 가족에게 적합하지 않다면 제게 어떤 증거를 보여 주십시오. 그러면 취소하도록 하겠습니다."

그날 밤 나는 한밤중에 잠이 깨었는데 "그리스도의 평강이 너희 마음을 주장하게 하라"는 골로새서 3장 15절 말씀이 떠올랐습니다. 하나님께서는 그 집이 적합하지 못하다는 데 대해 더 이상의 증거가 필요 없다는 사실을 내게 알려 주시고자 무척 애를 쓰고 계셨습니다. 사실 주님께서는 평강이 결여된 것을 통해 그 사실을 이미 말씀해 주셨던 것입니다. 그리하여 나는 어떻게든 계약을 변경하리라고 다짐했습니다.

그러나 막상 계약을 취소하려다 보니 참 난처하게 여겨졌던 것은 그 집의 주인이 나를 어떻게 생각할까 염려되는 것이었습니다. 명색이 그리스도인 일꾼인 내가 주위 사람들로부터 자기가 내린 결정을 돌이켜 하룻밤 사이에 변심하는 사람이라는 평판을 듣는 것은 정말 싫었습니다. 그렇지만 나는 하나님께 순복해야 했기에 그 소유주에게 찾아가서 계약금을 포기하는 한이 있더라도 계약을 부득이 취소해야 할 형편에 처하게 되었다고 이야기했습니다.

주님께서는 우리들에게 우리가 도시를 잘못 선택했다는 것을 말씀해 주려고 애쓰셨다는 것을 나중에야 알게 되었습니다. 나의 명성 때문에 하나님을 의뢰하는 대신 두려움에만 좌우되었더라면, 우리는 하나님께서 우리를 위해 쌓아 두신 축복들을 송두리째 빼앗길 뻔했습니다.

요즈음과 같이 사람을 기쁘게 하고 자기 이미지 세우는

일에 과민한 세상에서는 바로 당신이 섬기는 주님께서 먼저 자신을 비우셨고 아무런 명성도 원치 않으셨다는 사실을 잊어버리기가 쉽습니다. 예수님께서는 먹기를 탐하고 포도주를 즐기는 주정뱅이라는 핀잔도 받으셨습니다(마태복음 11:19). 세례 요한도 귀신 들린 자라는 비난을 받았습니다(마태복음 11:8). 아마도 당신의 두려움은 실패에 대한 것일지도 모르는데, 그로 말미암아 당신은 하나님을 의심하게 됩니다. "하나님께서 내가 필요로 하는 돈을 공급해 주시지 않으면 어쩐다? 나의 가족들이 사회 복지 기금에 의존하게 되지는 않을까?" "우리 사무실 주임에게 복음을 전한다 하더라도 아무 반응이 없으면 어쩌지? 일자리마저 잃는 건 아냐?"

이것은 하나님께서 사무엘이 와서 제사를 드리기까지 기다리라고 말씀하셨는데도 불구하고 이를 어기고 사울이 나름대로 펼쳤던 논리와 똑같습니다. 사무엘이 정해진 시간(실은 사울 자신이 원하던 시간)에 오지 않자, 사울은 하나님께 불순종하고 스스로 제사를 드렸던 것입니다.

"내가 범죄하였나이다… 내가 백성을 두려워하여 그 말을 청종하였음이니이다"(사무엘상 15:24). 이것은 그가 나중에 시인한 내용입니다. 그가 두려워했던 것은, 만약 그 자신이 백성이 원하는 대로 앞으로 나아가 그 상황을 어떻게든 타개하지 않으면, 그들 면전에서 자기 체면을 깎이게 되지 않을까 하는 것이었습니다. 혹시 백성들이 그가 결단력이 없다고 불평을 했는지, 심지어는 그를 왕위에서 몰아낼 기미마저 보였는지도 모르겠습니다. 그리하여 사울은 자신이 지도자로서 실패할까 봐 두려워 하나님께 불순종하였는데, 이로 말미암아 그는 자신이 그토록 놓치기 싫어했던 바로 그 왕국을 잃게 되었습니다. 실패에 대한 두려움 때문에 사울은 궁극적으로 영원히 실패하고 말았습니다.

하나님은 의심하는 자들에게는 결코 성공과 승리의 약속을 주시지 않습니다. 그러므로 당신이 실패할까 두려워하면 곧 하나님을 의심하게 되고, 당신의 모든 두려움은 그대로 실현됩니다. 하나님을 의심하는 것은 실패에 이르는 첩경이기 때문입니다.

"하나님이 우리에게 주신 것은 두려워하는 마음이 아니요, 오직 능력과 사랑과 근신하는 마음이니"(디모데후서 1:7).

다른 사람들로 말미암아 의심에 빠질 수도 있습니다. 의심을 불러일으키는 최상의, 아니 최악의 요인은 다른 사람들입니다. 때로 그들은 당신에게 깊은 관심을 기울이고 있는 호의적인 사람들입니다. 친구들이나 가족이 그런 사람이 될 수도 있습니다. 형제인 그리스도인들조차도 그런 사람이 될 수 있습니다. 이는 단지 그들이 믿음의 눈으로보다는 인간적인 안목으로만 바라보기 때문입니다.

우리가 네덜란드의 올드로즈드레히트에서 전도대회를 계획하고 있을 때도 이런 일이 있었습니다. 우리는 먼저 그곳 그리스도인들에게 우리가 하려고 하는 일들에 대해 이야기했는데 그들의 반응은 그런 방식은 아무 소용이 없다는 투였습니다.

그들은 자기들도 학생들에게 복음을 전파하기 위해 커피 하우스 따위와 같은 아이디어는 이미 시도해 보았노라고 대답했습니다. 그들도 우리가 당시 사용하려고 계획했던 해변의 빌딩을 사용했었는데 아무도 오지 않더라는 이야기였습니다. 우리가 또한 빌리 그래함이 제작한 영화를 상영하고 응답자들에게 자신들의 이름과 주소를 적어 내게 하여 상담자들이 그들 각 사람의 집을 방문하여 다시 접촉할 수 있도록 하면 어떨까 하고 제안하자, 우리의 그리스도인 친구들은 질겁을 하는 것이었습니다. "당신들은 네덜란드 사람에 대해 잘 몰라서 그래요. 이런 카드에 적어 낼 사람은 거의 없을 거요." 그들의 답변은 거의 항변에 가까웠습니다.

그렇지만 어쨌든 우리는 계획대로 커피 하우스 문을 열었고, 많은 학생들이 그곳에서 주님을 믿게 되는 것을 지켜 볼 수 있었습니다. 우리는 영화도 상영했는데, 어찌나 응답 카드를 많이 보내 왔던지 일일이 응답자들을 찾아가 돌봐줄 상담자들이 부족할 지경이었습니다. 그래서 우리는 결국 그들을 그룹 모임에 초청하여 전체 앞에서 복음을 설명해야 했습니다.

이처럼 때로는 그리스도인들로 말미암아 당신은 하나님의 뜻을 보지 못하게 될 수도 있습니다.

나도 그와 같은 일을 저지른 사람 중의 하나입니다. 워렌 스타는 북서부 지방의 주에서는 최연소 대학신문 편집자로서 센트럴 워싱턴 주립대학의 신문인 **캠퍼스 크라이어**(Campus Crier)지를 책임 맡게 되었습니다. 그는 편집자가 되기 몇 달 전 대학 신입생 때에 그리스도를 만났습니다. 그는 자신의 편집자로서의 직책이 캠퍼스에 있는 모든 학생들에게 복음을 전파하는 데 쓰이길 원했습니다.

어느 날 함께 이야기를 나누던 중에 그는 자신의 이런 생각을 나에게 말해 주었습니다.

"러쓰 형제님, 지금까지 생각해 왔던 게 있는데요. 저는 최근에 빌리 그래함의 Decision 잡지에서 천국에 이르는 길이라는 내용의 글을 읽었어요. 그 글은 평이하고 구체적인 말로 쓰여 있으므로, 제 생각에는, 학생들에게 효과적으로 내용이 잘 전달될 것 같습니다. 그래서 저는 우리 크라이어지에 이 글을 전면 광고로 게재하면 대단히 좋을 거라고 생각하고 있었어요. 시내 각 교회를 찾아다니며 광고비를 모금해 볼 예정입니다."

나는 주춤했습니다. 나는 경험을 통해서, 교회들의 협력을 구한다는 것이—특히 돈에 관계되는 문제에 대해서는 더욱더—얼마나 힘들다는 것을 알고 있었습니다. 나는 그런 시도가 별 소용이 없다는 것을 그에게 알려 주기 위해 장황한 설명을 늘어놓기 시작했는데, 주님께서 적당한 때에 제지하여 주셨던 것이 천만다행이었습니다. 하늘의 음성으로 직접 내게 말씀하시듯이 선명하게, 주님께서 이렇게 말씀하셨습니다. "그만 둬, 러쓰. 그가 해보도록 놔 둬."

한 달 뒤 크라이어지에는 여러 지역교회의 후원을 받아

"천국에 이르는 길"이라는 제목으로 전면 광고가 실리게 되었습니다. 워렌의 믿음으로 말미암아 캠퍼스 대부분의 학생들이 명쾌하게 설명된 복음에 접할 수 있었습니다.

이스라엘 자손들이 여리고 성을 돌 때 하나님께서 그들에게 서로 이야기하는 것을 허락지 않으셨던 점을 주목해 볼 만합니다. 그 7일 동안 그들은 서로 이야기를 나눔으로써 하나님의 응답을 받지 못할 수도 있지 않았겠습니까? 한 나흘째 되는 날쯤 그들은 모두 포기하고 돌아갔을지도 모릅니다.

당신이 따를 만한 믿음을 가진 자들이 당신의 지도자라고 성경은 말합니다(히브리서 13:7). 그러므로 당신이 따를 사람으로는 믿음의 사람, 의혹이 아니라 기대 가운데서 살도록 당신을 격려해 줄 수 있는 사람을 택하여야 할 것입니다.

마귀는 의심을 불어넣는 장본인입니다. 마귀는 하와에게 다가가 "하나님이 참으로 …라고 하시더냐?"(창세기 3:1) 고 물으면서 처음으로 모든 의심의 생각을 심기 시작한 자입니다. 그는 하나님의 선하심과 신실하심에 대한 믿음을 의심으로 바꿔 놓은 원조입니다.

"하나님이 참으로 선하시다면, 왜 선악을 알게 하는 나무의 열매를 먹지 못하게 하시겠느냐? 그는 사실 너희가 자기와 같은 능력을 갖게 될까 두려워서 너희가 좀 나아지는 걸 꺼리고 계신 거야. 그래서 너희에게 가장 좋은 걸 주지 않으시려고 하는 거야!"

광야에서 예수님께 다가와 음식, 지위, 권세 등을 미끼로 아버지 하나님 대신 자신을 바라보도록 유혹하고 시험한 자도 바로 이 마귀였습니다(마태복음 4:1-11).

그러므로 마귀가 예수님까지도 유혹하여 의심에 빠뜨리고자 했다면, 마찬가지로 당신을 유혹하려고 덤벼들리라는 것은 당연하다 하겠습니다.

의심을 기대로 바꾸는 법

실제적으로, 우리는 의심을 기대로 바꾸기 위해서 여러 가지 것들을 할 수 있습니다.

의심은 곧 죄라는 사실을 명심하십시오. 그리스도인들 사이에서도 일상적으로 의심하는 경우가 잦다 보니, 의심이란 문제가 소홀히 여겨지거나 관심 밖의 것으로 잊혀지는 수가 많습니다. 그러나 성경은 의심이 곧 죄라는 것을 분명하게 보여 줍니다.

예수님께서는 "하나님을 믿으라"(마가복음 11:22)고 명하셨습니다. 그러므로 당신이 의심하는 것은 곧 주님의 명령에 불순종하는 것입니다. 불순종이 명백한 죄라는 사실은 주일학교 어린아이들도 다 아는 것입니다. 우리는 죄 문제를 어떻게 다룹니까? 당연히 하나님께 자백하고 용서를 구합니다.

당신이 만약 의심을 떨쳐 버리려고 애쓰고 있다면, 그런 노력일랑 일찌감치 그만두십시오. 결코 성공하지 못할 것입니다. 왜냐하면 잘못된 노력을 하고 있기 때문입니다. 당신은 의심을 버리려고 애쓸 것이 아니라, 다른 죄와 마찬가지로 자백하고 용서를 구해야 하는 것입니다. 순결치 못한 생각이 당신을 사로잡을 때, 성경은 좀 더 잘해 보라고 말하지 않습니다. 성경 말씀에는 단지 그런 생각들을 죄로 시인하여 하나님 앞에 자백하고 그의 용서와 깨끗케 해주심을 구하라고 기록되어 있습니다. 바로 이것이 당신의 의심을 처치할 수 있는 첫째 비결입니다.

올바른 전망을 가지십시오. 골리앗이 이스라엘 사람들을 대적하여 나아올 때, 이스라엘 군인들은 모두 이렇게 생각했습니다. 그는 덩치가 너무나 커. 우리는 도저히 당해 낼 수가 없겠어.

똑같은 거인을 다윗은 보고 이렇게 생각했습니다. 저리도 덩치가 큰데 내가 못 맞출 리가 없어!

의심과의 싸움이란 기본적으로 하나님의 전망을 견지함으로써 하나님의 시야로 당신이 부딪히는 문제를 보고자 하는 것입니다. 전망을 견지하는 최선의 방법 중 하나는 하나님께서 이미 당신에게 이루어 주신 일들을 상기하는 것입니다. 바로 이와 같은 이유에서 하나님께서는 이스라엘 백성에게 다음과 같이 말씀하셨습니다. "네 하나님 여호와께서 이 사십 년 동안에 너로 광야의 길을 걷게 하신 것을 기억하라"(신명기 8:2). 하나님께서는 이스라엘 백성들이 하나님께서 자기들을 위해 이루어 주신 일들을 돌아보면 장차 곤란한 시기를 당하여서도 계속 하나님을 바라보는 데에 큰 도움이 될 것을 몸소 알고 계셨던 것입니다.
 1. 당신이 어떻게 이 믿음의 모험을 시작했는지 돌아보십시오. 제자들이 배에 있을 때 예수님이 물 위를 걸어 자기들에게로 다가오고 계시는 것을 보았는데, 그때 베드로가 배에서 뛰어내려 예수님께로 걸어가고자 했던 것은 예수님께 대한 지극한 사랑과 헌신으로 말미암은 것이었습니다. 그러다가 그는 주위의 흉용하는 파도를 보고 두려워져서 소위 "이성(理性)"에 눈뜨게 되었고, 그 결과 이런 반응이 뒤따라 나왔습니다. 아니, 대체 내가 여기서 무슨 짓을 하고 있는 거지? 사람 몸이 물보다 무겁다는 것은 삼척동자라도 아는데! 내가 아무래도 제정신이 아닌 모양이야! 그러자 그는 가라앉기 시작했습니다.
 베드로가 배에서 뛰어내린 것이 하나님의 뜻에서 볼 때 꼭 잘못되었다는 것을 보여 주기 위해서 그의 주위에 파도가 몰아친 것은 아니었습니다. 다만 그가 예수님 곁으로 걸어가고자 했을 때 믿음을 지킬 필요가 있었다는 것을 보여 주기 위해서였습니다.
 그의 옆에 다음과 같이 말해 주는 사람이 없었던 것이 안타깝습니다. "자, 베드로, 맨 처음에 이 자리로 뛰어든 이유가 뭐지? 그건 네가 주님을 사랑하기 때문에 그런 게 아니겠어? 좋아, 표현 방법은 우둔하지만 동기는 옳은 것이었어. 그러므로 하나님께서 너를 물로 인도하셨다면, 그가 너를 빠뜨릴 것이라고 생각할 수 있겠어? 안심해. 그분은 능히 너로 하여금 이 파도를 헤치고 그의 곁으로 갈 수 있게 해주시니까. 다만 그분을 바라보기만 하라고."

하나님께서 빛 가운데서 당신에게 보여 주신 것을 어둠 가운데서 의심하지 마십시오.

오늘날 세계의 주요 종교 중 한 가지만을 제외한 여타 다른 모든 종교들은 계율들을 잘 지키면 복을 받게 될 것이라는 전제를 토대로 하고 있습니다. 이에 따르면, 당신에게 많은 어려움이 있는 까닭은 당신이 계율들을 잘 지키지 않았기 때문이라는 것입니다. 욥에게 온갖 고난이 닥친 것을 보고 그의 친구들은 그런 식으로 해석했습니다.

그러나 유일하게도 기독교는 우리 앞에 어려움과 시련들이 가로놓여 있음을 긍정적으로 받아들입니다.

하나님께서 당신을 인도하신다면 그리스도인으로서 당신의 생활은 당연히 평온, 평화, 평강만이 넘치게 될 것이라고 여기는 것은 우리가 쉽게 빠지기 쉬운 잘못된 개념입니다.

당신을 인도하시는 하나님은 이렇게 말씀하셨던 분입니다. "네가 물 가운데로 지날 때에 내가 함께할 것이라"(이사야 43:2). 이 말씀에서 "만약 네가 물 가운데로 지나면"이라고 하지 않은 점을 주목하십시오. 당신이 예수님 안에 거하는 삶을 살 때 깊은 물을 지나야만 된다는 것은 기본적인 기정사실입니다. 하나님께서는 결코 당신에게 일락의 장미 화원을 약속하시지 않았습니다. 그러나 한 걸음 한 걸음 당신과 동행하시며 영원히 함께하심으로 모든 필요를 채워 주시겠다고 보장하셨습니다. 이는 또한 야고보가 다음과 같이 확신 있게 말했던 이유이기도 합니다. "그러므로 내 형제들이여, 온갖 시련들이 삶 가운데 닥쳐 올 때 그것들을 불청객으로 여겨 분개하지 말고 친구를 반기듯 맞이하십시오"(야고보서 1:2, 필립스 역).

어려운 문젯거리들이 당신의 친구가 되어 있습니까? 더러 이렇게 생각될 때도 있을 것입니다. 오, 나는 생각보다는 많은 친구를 얻었군!

바로 당신이 믿음으로 발걸음을 내디딜 때 실제로 당신의 어려움이 시작되는 경우가 많습니다. 이 말은 당신이 하나님의 뜻을 잘못 분별해서 발걸음을 내딛기로 결정을 했다는 뜻은 아닙니다. 다만 일단 발을 내디뎠으면 예수님께서 당신을 위해 준비하고 계시는 좋은 것을 얻기까지 예수님께서 당신을 인도하여 험한 파도를 뚫고 나가게 하시도록 계속 주님을 바라볼 필요가 있다는 뜻입니다.

밀러 부부는 수양회에 참석하기 위해 오리건 주의 집을 떠나 콜로라도로 갈 작정을 하고 캐나다에 있는 친구 부부를 초청하여 함께 가자고 했습니다. 이들 부부는 모두 하나님의 뜻으로 알고 수양회에 참석하기로 결정했지만 결정을 내리자마자 곧 문제가 들이닥치기 시작했습니다.

이들에게 문제가 되는 것은 돈이었습니다. 경제 사정이 계속 어려워져서 수양회에 갈 비용을 마련할 길이 막막해 보였던 것입니다. 캐나다에 사는 부부는 이리저리 사정을 살피다 결국 물러서고 말았습니다. 하긴 그들도 수양회 참석하는 일주일 동안 아이들을 보살펴 달라고 미리 보모에게 맡기기까지 했었는데, 이제는 그 아이들을 도로 집에 데려오는 수밖에 없었습니다.

그러나 딕과 샐리 밀러 부부는 다시 하나님께 나아가 자신들을 인도해 주시도록 구했습니다. 그들은 하나님께서 자신들에게 가라고 말씀하신 것이 여전히 분명하다고 생각하면서 금전 문제를 해결해 주시도록 구했습니다. 그들은 하나님께서 공급해 주실 것을 기대하면서 순종하기로 계획하고 있었기 때문이었습니다.

그들이 수양회에 참석하러 떠나기 하루 전날, 사무실 주임이 딕을 불러 그에게 시간제 일감을 하나 소개해 주는 것이었습니다. 딕은 측량 기사였기 때문에 곧 현장에 나가 측량을 해주고 자기와 아내 샐리가 수양회에 참석하는 데 필요한 만큼의 돈을 벌 수 있었습니다. 그들은 이제 전혀 돈 걱정을 할 필요가 없이 수양회에 참석하기 위해 집을 나섰습니다. 그들이 발걸음을 내디딘 후 상황이 바뀌었다고 해서 하나님의 지도 방향마저 바뀐 것은 아니었습니다. 다만 그들이 하나님을 바라볼 수 있도록 더 좋은 기회를 마련하신 것뿐이었습니다. 지금 당신이 의심하고 있다면, 어떻게 출발했는가를 돌아보십시오.

2. 하나님께서 과거에 당신을 위해 이루어 주셨던 것을 돌아보십시오. 다윗은 의심을 하지 않았다는 면에 있어서 우리의 산 본보기입니다. 그에게 의심이 없었던 이유 중에 하나는 그는 하나님께서 과거에 이루어 주신 일을 기초로 새로운 믿음의 경험들을 쌓았다는 것입니다. 그가 골리앗

을 대항하여 나아갈 때 그렇게도 담대하며 확신에 찰 수 있었던 이유 중 하나는 자신이 양을 치던 목동 시절에 곰과 사자를 죽일 수 있도록 하나님께서 도우신 것을 경험했기 때문이었습니다. 그러므로 동일하신 그 하나님께서 장대한 그 블레셋 사람을 무찔러 승리하게 하시리라 믿게 되었던 것입니다.

내가 대학생을 대상으로 선교하던 시절에 한번은 춘계 수양회 장소를 구할 책임을 맡게 되었습니다. 나는 이리저리 구하고 찾고 두드려 보았지만 적절한 장소를 찾지 못했습니다.

하나님께서 과연 장소를 마련해 주실지 의심하기에는 영락없이 좋은 기회였지만, 나는 하나님께서 지금껏 이루어 주신 것들을 더듬어 보면서 결코 의심할 여지가 없다는 것을 알게 되었습니다. 주님께서는 많은 학생들을 주님께 나아오도록 하셨으며 그들이 성장을 갈망하도록 동기를 주셨고, 우리 가족의 제반 필요들을 채워 주셔서 이들을 잘 도울 수 있게 하셨던 것입니다. 그러므로 이 수양회가 그 학생들을 그리스도인으로서의 삶에서 성장하도록 돕는 것일진대, 하나님께서 이제 와서 중단하실 이유가 없다고 생각되었습니다. 나는 그전에도 여러 번, 하나님께서 장소를 공급해 주신 것을 보아 왔습니다.

나는 몇몇 학생들과 함께 기도하는 시간을 갖고 나서 한 가지 계획을 생각해 냈습니다. 우리는 지도를 하나 구해서 미주리 주의 메리빌 시를 중심으로 반경 50마일에 해당

되는 원을 그려 넣었습니다. 이곳은 각지에 흩어져 있는 수양회 참석자들이 집결할 수 있는 중심지가 될 것이라 생각되었기 때문이었습니다. 다음에 우리는 둘씩 한 조가 되어 그 원 내의 각 도시로 흩어져 수양회 장소에 대해 사람들에게 물어 보았습니다. 우리는 하나님을 의뢰하는 가운데, 아무리 어리석게 보인다 할지라도 어디로 인도하시든 그대로 따르기로 다짐했습니다.

나는 한 학생과 함께 미주리 주의 중부 지역에 가서 사람들에게 수양회 장소가 될 만한 곳이 없는가 물었습니다. 수없이 "모르겠는데요" 하는 대답을 들었지만, 한 사람이 결정적인 대답을 했습니다.

"예, 여러분이 한번 문의해 볼 만한 곳을 알아요. 타키오에 있는 대학에 찾아가서 알아보시는 게 좋을 겁니다. 거기서 수양회가 자주 열리거든요."

사실 처음에 나는 이것도 별 소용이 없을 것이라 생각했습니다. 왜냐하면 나는 대학생들을 대상으로 복음을 전하고 있어서 여러 대학들을 알고 있었는데, 종강하기 전에 대학의 시설물을 빌려 주는 곳은 보질 못했기 때문입니다. 그러나 우리는 어떻게 인도하시든 그대로 따르겠다고 이미 하나님께 말씀드렸던 터이라서 타키오로 차를 몰았습니다.

내가 미처 몰랐던 사실은 타키오 대학이 우리가 사는 지역 내에서는 2학기제 대신 3학기제를 실시하고 있는 유일한 대학이라는 것이었습니다. 우리가 수양회를 위해 학교 시설을 사용하고자 하는 바로 그 기간을 전후로 타키오 대학의 학생들은 2주 동안의 방학에 들어갈 예정이었습니다. 그리하여 결국 이 학교는 우리가 지금까지 사용해 본 어떤 곳보다도 훌륭한 수양회 장소가 되었습니다. 새로운 기숙사 시설에다 학생 회관 건물도 최신식이었고, 게다가 주말을 꼬박 사용하였는데도 한 사람당 6불의 사용료만 지불하면 되었습니다.

예전에도 공급해 주셨던 바로 그 하나님께서 또다시 그 일을 이루어 주신 것이었습니다.

3. 그리스도가 누구시며 무엇을 하실 수 있나 돌아보십시오. 천산에 가득히 소 떼를 소유하고 계시는 하나님은 당신의 전화 요금 40불을 마련하실 수 있습니다. 또한 파도를 명하여 잔잔케 하신 분이라면 당신의 전도대회를 위하여 좋은 날씨를 준비하실 수 있습니다. 그는 떡 다섯 개와 물고기 두 마리로 5,000명을 먹이셨습니다. 그러므로 확실히 그는 당신의 다음 봉급날까지 가족들에게 필요한 식량을 풍족히 공급하실 수 있습니다.

그가 누구시며, 그 능력이 어떠하며, 그 자원이 어느 정도인가를 기억하십시오.

당신의 의심을 죄로 고백하고 하나님께서 이루어 주신 일을 돌아보았는데도 여전히 의심 가운데 있다면, 성경 말씀의 특수 처방전을 살펴보아야 할 것입니다.

하나님께 도와주시도록 간구하십시오. 그러면 하나님께서는 당신이 믿고 기대하는 자가 되게 하실 것입니다. 당신에게 지혜가 필요하다 생각될 때 그 해결책으로 야고보서 1:5의 말씀을 수없이 인용하며 주장해 보았는지요? "너희 중에 누구든지 지혜가 부족하거든 모든 사람에게 후히 주시고 꾸짖지 아니하시는 하나님께 구하라. 그리하면 주시리라."

그런데 이 구절 말씀이 사실, 직접적으로는, 의심하길 원치 않는데도 의심이 생기는 사람들을 위하여 기록된 것이라는 점은 알고 있었는지 모르겠습니다. 이것은 어떻게 하면 좋을지 몰라 안절부절 못하는 사람을 위하여 기록된 것입니다.

다만 "하나님께 구하라. 그러면 하나님께서 후하고 풍성하게 주실 것이다"라고 야고보는 전하고 있습니다. 그는 당신의 간구를 무색케 하지 않으실 것입니다.

하나님의 하시는 일이 곧 의심하는 자를 믿음의 사람으로 바꾸는 일이기 때문입니다. 그는 자기를 부인했던 베드로를 반석인 베드로로 만드셨습니다. 그러므로 그는 당신도 변화시키실 수 있습니다.

믿음으로 기대하는 마음보다 하나님을 기쁘시게 하는 것은 없습니다. 그러므로 당신의 의심들이나 의심하십시오. 하나님께서 역사하실 것과 아울러 기꺼이 시행하실 것을 기대하십시오.

7
주는 자가
받는 자입니다

예수님께서 제자들에게 말씀하셨습니다. "주라, 그리하면 너희에게 줄 것이니, 곧 후히 되어 누르고 흔들어 넘치도록 하여 너희에게 안겨 주리라"(누가복음 6:38).

하나님께서 당신을 위해 역사하시길 원합니까? 또한 하나님께서 당신을 위해 예비하고 계시는 모든 것을 믿음으로 경험하고 싶지는 않습니까? 이를 경험할 수 있는 가장 빠른 방법 중 한 가지는 하나님께 얼마만큼의 금액을 예탁하는 것입니다. 하나님께서는 그것에 훨씬 많은 변리까지 덧붙여 상환해 주신다는 것을 깨닫게 될 것입니다.

제니는 이제 교회에서 하나님에 관한 이야기는 억지로라도 들을 만큼은 들었으므로 교회에 그만 나가야겠다고 생각했습니다. 그녀로서는 그런 종류의 이야기들이 전혀 믿기지 않았기 때문에 사실 시간을 허비할 필요가 없겠다는 생각이 든 것입니다. 그러나 제니의 언니는 제니와는 다른 생각을 가지고 있었는데, 어느 일요일에는 일부러 같이 차를 타고 갈 기회를 만들어 이 기회를 놓칠세라 다시 제니를 주일학교에 데리고 나갔습니다. 그건 상당한 효과가 있었습니다. 때마침 함께 참석하게 된 반의 토의 주제가 사랑을 베푸시는 하나님이라든가 생활 속의 세세한 것에 이르기까지 관심을 기울여 주시는 하나님 등이어서 제니에게는 전혀 새로운 내용들이었기 때문입니다. 집에 돌아오는 길에 두 자매는 이런 내용들을 주제로 이야기를 나눴습니다.

"맞았어, 제니" 하고 제니의 언니가 제니의 질문에 대꾸했습니다. "하나님은 참으로 우리를 보살펴 주시며, 우리들에게 후히 주길 원하시는 분이야. 실제로 성경 어딘가에 보면 우리가 하나님께 드리면 하나님께서는 우리가 드린 것의 500배나 주신다는 말씀도 있거든! 그것 봐, 하나님이 얼마나 후히 주시냐고!"

실제로 그런 약속이 성경에 나와 있지는 않지만, 하나님은 후히 주시는 분이라는 언니의 생각은 전적으로 옳았습니다.

그 다음 주말 제니는 친구들과 어울려 술을 마시며 놀았습니다. 집에 돌아오는 길에 사람을 잔뜩 태우고 오다 그만 사고를 내고 말았습니다. 차체는 뒤집혀 완전히 망가졌지만 다친 사람은 기적적으로 하나도 없었습니다. 그럼에도 불구하고 하나님께서 자기를 보호해 주셨다는 생각이 들지 않았다면 그녀는 어지간히도 무감각한 사람이 될 뻔했습니다. 그녀는 하나님께 보답하는 양으로 교회에 나갔습니다. 예배당에 앉아서 그녀는 이런 생각에 사로잡혔습니다. 글쎄, 난 하나님에 대해 잘 모르겠어. 나는 아직까지 하나님이 살아 계시다고 생각하지 않았는데, 언니나 다른 사람들은 그렇게 확신하고 있어. 맞아. 어쩌면 그 사고는 우연이 아니었는지도 몰라.

그래서 그녀는 이 기회에 한번 하나님을 찾아보리라 생각하고 25불을 꺼내 헌금함에 넣었습니다. 그리고 속으로 이렇게 기도했습니다. "하나님께 드립니다. 하나님이 정말 살아 계시다면 우리 언니가 얘기한 것처럼 이것을 500배로 다시 돌려주시는 것을 보고 싶습니다."

그러자 일은 벌어지기 시작했습니다. 그녀가 다니고 있던 증권회사로부터 그녀는 전혀 기대하지도 않았던 700불을 보너스로 받게 되었습니다. 그것은 전에 그녀가 제안했던 사무 능률 향상 방안에 대한 포상이라는 것이었습니다.

또 몇 개월 전에 그녀에게서 200불을 빌려 갔던 친구로부터 갑자기 전화가 왔습니다. "네 주소를 가르쳐 주면 좋겠는데, 전에 빌린 돈을 보내 주려고 그래." 제니는 놀랄 수밖에 없었습니다. 그 돈을 다시 되돌려 받을 수 있으리라고는 전혀 기대하고 있지 않았기 때문입니다. 며칠 후 도착된 돈은 200불이 아니라 400불짜리 수표였습니다.

그 일이 있은 직후 그녀는 아버지와 이야기를 나누던

중에 아버지로부터 그녀의 은행 빚 4,000불은 어떻게 되었느냐는 질문을 받았습니다. 그녀는 아직도 못 갚고 있다고 대답했는데, 아버지는 더 이상 그 문제에 대해서는 언급하지 않았습니다. 그런데 얼마 후 그는 그 전액을 수표로 송금해 주었습니다.

이때쯤에 이르러 제니의 머리는 숨 가쁘게 돌아가고 있었고 곧 하나님께서 그녀 자신이 전에 간구했던 그대로 자기에게 응답해 주고 계시다는 사실을 깨달았습니다. 그녀는 드렸고, 하나님은 말씀하셨던 그대로 갚아 주셨습니다. 하나님은 참으로 살아 계셨던 것입니다.

하나님께서 "주라. 그리하면 너희에게 줄 것이니"라고 하셨던 말씀을 그대로 이루신 것입니다.

주는 것에 관하여 신약에서만도 300번 이상 언급되어 있습니다. 그것은 그리스도의 재림과 아울러 가장 빈번히 나오는 주제 중에 하나입니다. 그리고 하나님께서 주는 것에 대하여 가르치실 때는 주라고 명령하시는 것보다는 주기를 권장하는 방법을 더 많이 사용하십니다.

하나님께 재물로써 믿음의 예탁을 하십시오. 그러면 당신은 하나님께서 그 투자액에 대하여 어느 누구도 따를 수 없는 풍성한 배당금을 지급해 주신다는 것을 깨닫게 될 것입니다. 당신의 헌금은 누구에게 유익한가? 당신에게 헌금하라고 말씀하시는 분은 하나님이십니다. 그렇다면 그것이 내핍 생활을 하는 선교사들의 쓸 것을 공급하거나 지옥문 근처에서 헤매는 원주민들에게 전도 책자를 나눠 주기 위해서, 또는 당신 교회에서 내는 광열비를 충당하기 위해서 헌금하라고 하는 것입니까? 그렇지 않습니다. 바로 당신 자신을 위한 것입니다. 왜냐하면 하나님은 주는 자에게 주시기 때문입니다.

당신 자신이 살아가기에 필요한 만큼도 남지 않을까 두렵습니까? 가진 것은 많지만 탐욕이 문제가 되어 드리는 일에 어려움이 있습니까? 용기를 내십시오! 당신이야말로 재물을 드리는 일에 있어서 그 어느 누구보다도 유망한 후보자입니다. 드림으로써 가장 큰 것을 얻는 사람은 바로 자신이라는 사실을 깨닫지 못하기 때문에 드리지 못하는 것입니다.

그렇습니다. 드리는 삶에 관하여 바울이 고린도 교회에 전해 준 사뭇 고전적인 교훈(고린도후서 9:6-15)은 이 점을 아주 명확하게 보여 주고 있습니다. 그 구절 전체가 드리는 것에 대해 다루고 있습니다. 이제 다음 질문에 대답해 보십시오. "나의 헌금에서 누가 최대의 유익을 얻는가? 드리는 자인가, 받는 자인가, 아니면 하나님인가?"

놀랍지 않습니까? 이 본문 말씀은 받는 자가 얻는 유익은 그의 필요가 채워지는 것이 전부라고 설명합니다. 하나님도 약간 얻는 것이 있다면, 그것은 받는 자로부터 영광과 감사의 말을 듣는 정도입니다.

진짜 얻는 자는 드리는 자입니다. 하나님께서 당신을 사랑하시고 또한 당신의 쓸 것을 채우실 것이며, 당신의 자원과 의(義)를 배가해 주실 것이라고 바울은 말합니다. 하나님께서는 그것들에 단순히 더해 주시는 정도가 아니라 기하급수적으로 배가시켜 주실 것입니다. 그러나 이것이 전부는 아닙니다. 당신의 삶이 풍성해질 뿐더러, 다른 사람들로부터 기도의 지원을 받게 되는 것입니다.

그러므로 혹시 당신이 원체 욕심이 많은 사람이라고 생각되더라도 용기를 내십시오. 당신도 기꺼이 드리는 자가 될 수 있는 충분한 이유가 있습니다. 당신이 많이 드릴수록 하나님께서는 그만큼 더 풍성하게 되돌려 주실 것입니다. 앞서 하나님의 자원을 탐사해 본 결과 당신은 주는 일에 결코 하나님을 능가할 수는 없다는 사실을 알 것입니다.

드리는 삶의 축복

1. 돈으로 할 수 있는 최상의 투자를 하게 됩니다. 예수님은 제자들에게 재물의 지혜로운 투자 방법을 가르쳐 주셨습니다. "너희를 위하여 보물을 땅에 쌓아 두지 말라. 거기는 좀과 동록이 해하며, 도적이 구멍을 뚫고 도적질하느니라. 오직 너희를 위하여 보물을 하늘에 쌓아 두라. 거기는 좀이나 동록이 해하지 못하며, 도적이 구멍을 뚫지도 못하고, 도적질도 못하느니라"(마태복음 6:19-20).

당신의 친척이 죽으면서 10,000불을 당신 앞으로 남겨 놓았다고 해봅시다. 당신 나름대로 사업에 대한 조그마한 식견이라도 있다면 그 돈을 그냥 써버리는 것보다는 지혜롭게 투자해야 할 것입니다. 그렇게 할 때 당신은 10,000불을 그대로 보존하면서 그 이상의 수익을 얻게 됩니다. 그렇다면 과연 어디에다 투자를 해야 할 것인가? 부동산은 어떤가? 하지만 건물은 불에 타 소실되기도 합니다. 혹시 다이아몬드라면? 아, 그런데 그건 또 도난의 염려가 있지요. 증권 투자는 어떨까? 그러나 기업이 도산하면 어쩝니까? 1929년의 경제대공황이 보여 준 그대로입니다. 국채? 그러나 정부야말로 채무 불이행의 대명사 격이 아닙니까? 뉴욕 시의 경우를 한번 보십시오.

성경에서 말하는바, 헌금이야말로 당신을 위하여 하늘에 보물을 쌓아 두는 투자입니다. 거기는 화재, 채무 이행 불능, 사업의 실패, 증권 시장의 붕괴 따위가 없습니다. 물론 그것을 당신 자신이 가지고 갈 수도 없습니다. 그러나 당신이 드리는 자라면 그것을 곧 위에 올려 보내 맡길 수 있습니다.

헌금은 위험 부담이 없는 투자일 뿐만 아니라 수익도 큽니다. 하나님께서는 당신이 드리는 것이 풍성하게 되돌아 올 것을 약속하십니다. 말라기의 약속을 기억합니까? "너희의 온전한 십일조를 창고에 들여… 내가 하늘 문을 열고 너희에게 복을 쌓을 곳이 없도록 붓지 아니하나 보라. 내가 너희를 위하여 황충을 금하여 너희 토지소산을 멸하지 않게 하며, 너희 밭에 포도나무의 과실로 기한 전에 떨어지지 않게 하리니"(말라기 3:10-11).

최근 황충이 당신의 문전에 어슬렁거리지는 않았습니까? 어쩌면 그 황충은 자동차 고장, 병원비, 또는 잘못된 투자 등을 통하여 당신의 돈을 삼키고 있는지도 모릅니다. 당신이 드리는 삶을 살 때, 황충을 금하시겠다고 하신 하나님의 약속을 따라, 그 보호의 손길이 당신과 당신의 자산 위에 함께하게 됩니다.

이것은 당신이 드리는 자라고 해서 병원비, 수리비, 그 밖에 다른 불의의 지출을 감안하지 않아도 된다는 말은 아닙니다. 다만 성경은 드리는 자들 위에 특별한 보호가 따른다는 것을 보여 주고 있습니다. 당신은 이제 당신의 투자로부터 기대치도 않았던 수익을 얻게 되는 것을 보게 될 것입니다.

2. 이 땅에 사는 동안 올바른 마음을 갖게 됩니다. 때때로 당신은 좀 더 하나님의 일에 관심을 기울이는 삶을 살았으면 하고 바라지는 않습니까? 즉 하나님께서 관심을 쏟으시는 일에 당신도 더 깊은 관심을 기울이고 싶지 않습니까? 예수님이 이렇게 말씀하셨습니다. "네 보물이 있는 그곳에는 네 마음도 있느니라"(마태복음 6:21). 당신의 재물을 하나님께 드리고 있다면 당신의 마음은 곧 하나님의 일에 있게 될 것입니다.

여러 회사에서 사원들에게 자기 회사 주식을 사도록 극구 권장하는 것도 이런 이유 때문입니다. 그것은 모든 사원들에게 회사를 위해 최선을 다하고자 하는 동기를 줄 수 있는 가장 쉬운 방법입니다. 그들은 돈이 있는 곳에 그 마음도 있다는 것을 알고 있는 것입니다.

아이오와 주립대학교의 한 경제학 교수는 학생들에게

월가의 금융계에 대한 관심을 불러일으키고 싶어 하던 차에 한 가지 완벽한 방법을 생각해 냈습니다. 그는 학기말 논문을 과제로 내준 것도 아니고 수시로 보고서를 제출토록 한 것도 아니고, 시험을 보겠다고 엄포를 놓은 것은 더욱 아니었습니다. 단순히 그는 1,000불을 학생들에게 주고 그것을 투자해 보라고 한 것뿐이었습니다. 그러자 강의 시작 전에는 매일 학생들의 질서를 잡기 위해 심사원이라도 두어야 할 지경에까지 이르게 되었습니다. 그날그날의 주식 시세가 어떻게 되어 가는지를 알고 싶어 학생들이 서로 먼저 월스트리트저널을 읽으려고 다투기 때문이었습니다.

사우스다코타 주립대학교의 수학과에서는 당시 자체 운영 중이던 개인 교수제 문제로 골머리를 앓고 있다가 멋진 해결책을 발견해 냈습니다. 과내의 까다로운 몇 개 강좌를 위해 과목 담당 개인 교수를 배정해 놓았지만 학생들이 개인 교수 신청만 하고는 약속된 시간에 나타나지를 않는 것이었습니다. 그리하여 과에서는 개인 교수를 원하는 학생들에게 매 학기 시작 전에 20불씩을 예치해야 한다는 조건을 붙였습니다. 열 번에 걸친 개인 교수 시간이 있었는데 각 시간마다 참석자들에게 2불씩을 돌려주었습니다. 그랬더니 학생들은 꼬박꼬박 출석했습니다. 즉 출석률이 현격히 좋아졌던 것입니다. 당신의 보물이 있는 곳에 당신의 마음도 있습니다.

당신의 마음이 하나님의 일에 들여지길 원한다면 당신

의 물질을 그곳에 두십시오. 그러면 당신의 관심도 자연히 그것을 따라가게 됩니다.

  3. 영적으로 성장합니다. 짐과 그의 아내는 하나님을 의뢰하는 삶을 시작한 지 얼마 안 되어서 믿음으로 드린다는 것에 생소한 느낌이 들었지만, 매 봉급일마다 급료의 일부를 떼어 하나님의 일에 사용되도록 드리려고 마음먹었습니다. 이 일은 그들의 삶에 하나님을 첫자리에 모시는, 일말의 두려움이 서린 첫걸음이었습니다. 그들의 봉급은 자신들의 여러 필요를 채우기에도 빠듯할 정도였기 때문입니다.

  짐은 그 결과를 보고 놀라움을 금치 못하게 되었는데 후에 이렇게 말했습니다. "지난 결혼 생활 5년 동안 대부분, 나는 항상 내 스스로 모든 일을 알아서 처리하려고 애썼습니다. 급료를 받는 주간이면 언제나 청구서들을 훑어보면서 따져 보고, 연습장에 적어서 지불할 요금들을 어떤 방법으로 처리해 나갈까 이 궁리 저 궁리 하면서 애쓰곤 했습니다. 나는 항상 돈에 온통 관심이 쏠려 있었고 어떻게 하면 수지 균형을 맞출까 골몰하였습니다. 그러던 저였습니다.

  "그러나 우리가 헌금을 하기로 작정한 이래로 하나님께서는 돈 문제에 관하여 제게 마음의 평화를 주셨습니다. 저는 이제 더 이상 자리에 앉아 수지 균형을 맞추는 일에 골머리를 앓지 않습니다. 왜냐하면 이제 우리는 그 문제를 주님께 맡기고 있고 주님은 우리 필요들을 채워 주시기 때문입니다."

 하나님께서는 그들의 헌금에 대해서 그들에게 경제적인 면에서 갚아 주셨습니다. 그들은 현재 수입의 90%만 가지고도 전에 100%를 가지고 살 때보다 윤택하게 생활하고 있습니다. 게다가 하나님께서는 그들에게 깊은 헌신과 믿음을 주셨습니다. 저는 바로 이것이 영적 성장이라고 생각됩니다. 드리는 자는 하나님 안에서 성장하고자 하는 열망을 단지 허황된 말로만 아니라 행동으로 표현하게 되고, 하나님께서는 그 열망을 따라 축복하여 주십니다. 만약 당신이 영적 성장을 갈망한다면, 다시 말해서 현재보다 내년에 하나님을 더욱 알길 원한다면, 그 갈망하는 바를 향해 나아가는 실제적인 방법은 당신의 물질을 기꺼이 하나님께 드리는 것입니다.

 4. 하늘나라에 환영 위원단을 마련하게 됩니다. 오해하지는 마십시오. 이 말은 내가 만들어 낸 것이 아니고 다만 누가복음에서 발견했을 뿐입니다. 여기서 예수님은 돈과 그 사용 방법에 대하여 가르치고 계십니다. "내가 너희에게 말하노니, 불의의 재물로 친구를 사귀라. 그리하면 없어질 때에 저희가 영원한 처소로 너희를 영접하리라"(누가복음 16:9).

 이 말씀을 다시 옮기면 이렇게 되리라고 믿습니다. 당신의 불의한 재물을 사람들을 구원하는 데에 투자하면, 그들이 하늘나라에서 당신을 기다리고 있다가 마침내 당신도 그곳에 갈 때에 당신을 영원한 처소로 환영하여 맞이하게 되리라는 것입니다.

　우리들 중 어떤 이는 천사가 하늘 문을 열어 줄 때, 안으로 들어가긴 할 것입니다. 그러나 사방은 조용하기만 합니다. 눈을 크게 뜨고 도로 표지판들을 살피며 조마조마한 마음으로 처소를 찾아갑니다. 눈에 보이는 사람은 하나도 없습니다.

　그러나 당신이 드리는 삶을 살았던 자라면 하늘 문을 들어서자마자 한 무리가 기다리고 서 있는 것을 보게 될 것입니다. 이어 악대의 팡파르가 울려 퍼지고 색종이 조각이 날리는 가운데 환호의 물결이 출렁이며, 어쩌면 "참 좋은 우리들의 친구"라는 합창까지 들릴지도 모릅니다.

　"이 모두가 웬 사람들이죠?" 당신이 물을 것입니다.

　그러자 그중에서 한 사람이 달려와 당신의 손을 꼭 쥐며 이야기할 것입니다. "전에 우리가 만났었던 적은 없죠. 하지만 당신이 빌리 그래함 전도 협회에 헌금한 10불을 기억하고 계신지요? 당시 저는 하나님을 찾고 있던 중이었는데, 어느 날 저녁 TV에서 전도 집회 중계방송을 들었어요. 그래서 그때 주님을 만났는데, 저는 여기 이 장부를 살펴보고서 그 전도 집회 지원금 중 10불을 바로 당신이 드렸다는 걸 발견한 거예요. 정말 고마워요."

　또 한 사람이 맞장구를 치며 다가설 것입니다. "저는 당신의 교회에서 후원해 준 선교사님을 통해서 그리스도께 나아오게 되었어요. 여기 이 장부에는 그가 제게 복음을 전해 줄 당시에 바로 당신의 헌금이 그를 지원해 주었다고 기록되어 있어요."

당신을 위한 환영회를 계획하십시오! 그것은 "지금 주고, 나중에 환영받는" 계획입니다.

5. 빚을 갚게 됩니다. 어떻게 생각됩니까? 불가능한 꿈 이야기 같습니까?

솔로몬은 말했습니다. "흩어 구제하여도 더욱 부하게 되는 일이 있나니 과도히 아껴도 가난하게 될 뿐이니라"(잠언 11:24). 우리는 "아껴야 손에 쥔다"는 세계에서 살고 있습니다. 그러나 하나님의 경제학에서는 "주라. 그러면 받을 것이요"를 "표준 경영 원리"로 하고 있습니다.

나는 이것이 그대로 이루어지는 것을 수없이 보아 왔습니다. 내가 수년간 알고 지내온 한 부부는 자신들이 처음으로 주님의 일을 시작했을 때 경제 사정으로 어려움을 겪었던 이야기를 들려주었습니다. 사실 그들 형편은 쪼들리는 정도가 아니라 이미 180불이나 빚지고 있었습니다. 그들은 어찌해야 좋을지 몰라 기도하였지만 성서적으로는 그들의 헌금을 늘리는 것 외에는 해결책이 없다는 것을 알게 되었습니다. 하나님께서는 주면 받으리라고 약속하고 계시기 때문입니다. 그들은 믿음으로 수표를 한 장 써서 주님의 일에 드렸습니다.

그러자 곧 우편으로 수표가 한 장 왔는데 100불짜리였습니다. 발신인은 그들이 몇 년 전 동부 해안에 있을 때 책임을 맡은 적이 있던 주일학교의 한 반이었습니다. 그 반에서 정기적으로 헌금을 보내 준 것은 아니었습니다. 이

번엔 특별한 경우로서 그 반의 한 학생이 1,000불짜리 수표를 담당 교사에게 맡기며 헌금하였기 때문에 그중 일부를 이들 부부도 받게 된 것이었습니다. 그 학생이 설명한 사연인즉 이런 것이었습니다. "주님께서는 저를 참으로 축복해 주셨습니다. 저는 이 돈을 드리고 싶습니다. 선생님께서 어려운 처지에 있는 분들을 아실 테니까, 이것을 그분들에게 나눠 주시는 것이 어떻겠습니까?" 그러던 중 그 주일학교 교사의 마음에 나의 친구 부부의 모습이 떠오른 것이었습니다.

일주일이 채 못 되어 또 80불이 와서 빚은 깨끗이 해결되었습니다.

언젠가 만났던 또 다른 한 부부는 드리는 생활을 막 시작하려 하고 있었습니다. 그들은 목장 경영자였는데 흥미진진한 경로로 주님을 발견하게 된 사람들이었습니다. 그들은 다른 몇몇 목장 경영자들과 함께 그들이 사는 마을에 있는 조그만 교회가 너무 초라하다는 사실에 착안하게 되었습니다. 그리하여 이들 몇몇 목장주들은 힘을 모아 벽돌로 된 멋진 교회를 하나 짓기로 합의했습니다. 그들 중에 그리스도인이라곤 단 한 명도 없었기에 이것은 특별히 놀라운 일이 아닐 수 없었습니다.

건물이 완공되자 그들은 몇 가지 모임을 갖기로 하고 우선 강사를 한 분 확보했습니다. 놀랍게도 그들이 택한 강사는 귀국한 선교사였는데, 그는 와서 단순하게 복음만 소개했습니다. 그 지역의 유지급 부부들 중 다섯 부부가 이 시간을 통하여 주님께로 돌아오게 되었습니다.

다섯 부부는 모두 영적인 일에 관심을 돌리게 되어, 내가 그들을 만나 보았을 때쯤에, 한 사람은 자신의 목장 경영권을 매각하고 성경학교에 들어갈 결심을 하고 있었습니다. 또 한 사람을 만나서 물었습니다. "당신은요? 농장에 남아 있는 특별한 이유가 있습니까?"

"물론 저도 하나님께서 무슨 일을 계획하고 계시는지 알고자 기도했습니다. 하지만 주님께서 제게 원하시는 것은 목장에 계속 남아 있으면서 선교사들을 지원해 주는 일이라고 생각되었어요. 문제가 하나 있다면 어떤 선교사를 지원해 주어야 할지 모르는 것이지요."

그런 문제라면 식은 죽 먹기인지라 나는 그에게 한 선교사를 소개해 주었고 그는 매달 후원 헌금을 보내기 시작했습니다. 일 년 후 다시 그를 만나서 드리는 자가 되기로 결심한 이래로 그 일이 어떻게 되어 가느냐고 물었습니다.

"러쓰 형제님, 아마 믿기 어려울 겁니다. 저는 금년에 전혀 꿈도 못 꿀 만큼 많은 헌금을 할 수 있었어요. 그렇다고 전보다 목장 수입이 좋아진 것도 아니었는데 말입니다. 그런데도 빚을 진 것은 없고요. 이제 겨우 제가 알게 된 것은 하나님께서는 우리가 꿈도 꾸지 못하는 방법으로 주님께 속한 단 한 푼의 돈이라도 불려 주실 수 있다는 것이지요."

그의 말은 옳았습니다. 당신이 지금 빚을 지고 있다면 당신은 하나님께서 갚아 주시는 것을 바라볼 필요가 있으며, 그러려면 당신의 믿음을 활성화하기 위해서 주님께 당신의 돈을 예탁할 필요가 있습니다.

6. 하나님께서 당신의 모든 일을 형통케 하십니다. 주님께서는 자기 백성들에게 주는 삶을 살라고 도전하시며 이런 약속을 주십니다: "이로 인하여 네 하나님 여호와께서 네 범사와 네 손으로 하는 바에 네게 복을 주시리라"(신명기 15:10).

하나님께서 당신의 모든 일과 담당하고 있는 모든 것에 축복하시도록 한다는 일이 놀랍지 않습니까? 그것은 당신이 결코 거절할 수 없는 제안입니다.

오스왈드 샌더스의 책 *"A Spiritual Clinic"*에 "간과하기 쉬운 아홉 번째 복"이라는 장이 있습니다. 현재 우리들 대부분은 산상수훈에 "복이 있나니"라고 나오는 팔복에 대하여 알고 있습니다(마태복음 5:3-10). 이와 더불어 아홉 번째 복이 있다는 것을 알고 있습니까? 사도 바울이 에베소 장로들에게 한 말 중 예수님의 말씀을 인용하여 언급한 부분에 나옵니다. "주는 것이 받는 것보다 복이 있다"(사도행전 20:35). 주는 것이 당신이 하는 모든 일에 하나님의 축복을 얻는 길입니다.

스탠은 이 진리를 아주 놀라운 방법으로 발견했습니다. 그는 현재도 건축업에 종사하고 있는데, 1974년 크리스마스 이후로 건축 경기가 침체 내지 정체 상태를 벗어나지 못하여 곤경에 처하게 되었습니다. 1월이 지나고 2월이 지나도 마찬가지였으므로, 그의 돈은 바닥나고 세금 계산서만 산적하게 되었습니다. 스탠은 아내와 함께 이 문제를 가지고 기도하였는데 주님께서는 그들에게 두 가지를 보여 주셨습니다.

한 가지는 그들이 다니는 교회에 헌금을 계속해야 할 필요가 있다는 것이었습니다. 그들은 이미 선교사들을 위한 헌금을 충성스럽게 해온 터였지만, 주님께서는 그들 교회도 지원해 주어야 한다고 말씀하셨던 것입니다. 이것은 곧 그들의 헌금을 두 배로 늘리는 것을 의미했지만, 그들은 하나님께 순종하고 하나님을 의뢰하기로 작정했습니다.

두 번째로 주님께서는 스탠이 가지고 있던 수입원 하나를 양보하도록 인도하셨습니다. 일거리가 별로 없을 때 스탠은 재정난을 타개하기 위해서 페인트 가게를 하는 한 친구의 일을 거들어 주었습니다. 그러다가 스탠 부부가 알고 있던 젊은 부부가 그곳 도시로 이사해 왔는데 그들도 매우 쪼들리고 있었습니다. 그들은 무일푼인데다 곧 아이까지 출산할 예정이었는데, 젊은 남편은 직장을 찾을 수가 없었습니다. 그래서 스탠은 자기 일자리를 이 친구에게 양보하기로 작정함으로써 하나님께서 더 나은 것을 자신에게 공급하시리라 기대하는 믿음의 증거물로 맡겼습니다. 그 친구는 매우 반가워하면서 그 일자리를 수락했습니다.

당장에 1천 불짜리 계약 건이 나타나지는 않았기 때문에 스탠은 시간제 개축공사일들을 하면서 생활비를 보충하는 가운데 하나님을 기다렸습니다. 어느 날 한 청부업자로부터 전화가 왔는데, 다른 목수가 일을 엉망으로 해놓았기 때문에 몇 가지 손질을 좀 해달라는 것이었습니다. 그 청부업자는 스탠의 일솜씨를 보고 마음에 들어 또 다른 일자리를 그에게 주었는데, 그의 밑에서 일하는 노무자들의 작업 계획을 세우고 견적하는 일이었습니다. 그 일에서 받았던 봉급은 그 이전의 어떤 것보다도 높은 수준이었습니다.

하나님께서 일단 당신의 모든 일에 축복하고자 작정하시면 이렇게 됩니다. 스탠 부부가 드렸던 두 배의 헌금으로 말미암아 그들의 일은 하나님의 축복을 받게 되었던 것입니다.

스탠의 이야기는 여기서 그치지 않았습니다. 스탠이 하던 페인트 일을 물려받은 그 친구도 지불해야 할 각종 청구서들이 쌓여 있었습니다. 그리하여 그들 부부는 아이를 출산하기 전에 빚을 청산하게 해달라고 하나님께 구하고, 그 예탁으로는 당시 성경 캠프를 개설하려고 하고 있던 사람에게 최신 사슬톱을 하나 사 주기로 작정했습니다. 에디와 그의 아내로서는 그 정도 사슬톱을 산다는 것이 상당한 희생이었지만 그들은 하나님이 "주라. 그리하면 받으리니"라고 하신 약속을 믿었습니다.

페인트 작업 외에 에디는 주택의 골조 공사를 했는데 다른 사람에게 고용되어 하는 일이었습니다. 그들이 주는 삶을 시작한 후 에디의 고용주가 그에게 지금까지 하고 있던 골조 공사의 하청을 맡아 달라고 부탁하였습니다. 그래서 일은 같은 것이었지만 더 많은 돈을 벌 수 있었습니다. 스탠이 다시 에디를 만났을 때, 에디는 골조 공사를 하던 집에서, 남은 빚을 모조리 갚을 만큼 충분한 여분의 돈을 받았습니다.

축복받는 삶을 원한다면 하나님과 한 팀이 되십시오. 이를 위한 좋은 방법은 드리는 것입니다.

7. 당신은 생동하며 성장하는 믿음을 갖게 됩니다. 산 믿음은 행동을 필요로 합니다. 하늘나라의 은행에서 당신에게 변리를 지불할 수 있게 되려면 먼저 당신의 예탁금이 있어야 합니다. 드리는 것이 예탁금을 붓는 방법입니다.

폴이 네브래스카 대학교 4학년이었을 때 한번은 당시 자기의 재정 형편을 평가해 보고 내게 말을 건네 왔습니다. "러쓰 형제님, 이번 1년 동안에 소요될 금액을 한번 계산해 보았는데 등록금, 책값, 기타 개인적인 용돈 등으로 사용하자면 빠듯할 것 같아요. 문제는 제가 선교사들을 위해 작정한 125불의 헌금에 있어요. 제가 그 돈을 내면 이번 연도에 학교를 제대로 다닐 수 없을 것 같지만, 그 125불을 드리기로 작정하고 하나님께서 저를 돌봐 주실 것을 믿어야겠어요."

폴은 그 돈을 헌금하였는데 몇 주 지나서 전화를 통해 이런 소식을 전해 주었습니다. "저는 이번 주말에 아버지가 농장 매각하시는 일을 도와 드리며 집에 있었어요. 그런데 러쓰 형제님, 아버지께서 말 한 필과 그에 딸린 안장을 팔기로 하시고 그 받은 값을 저와 형이 나눠 갖게 하셨어요. 그런데 제 몫이 꼭 120불이었어요!"

나는 나머지 5불을 하나님께서 어떻게 채워 주셨는지

구태여 물어 보지도 않았습니다. 어쨌든 하나님께서는 틀림없이 채워 주셨을 것이기 때문이었습니다.

하나님께서 폴의 필요를 따라 채워 주신 것을 본 것도 신나는 일이었지만, 폴이 이렇게 하나님을 의뢰하는 경험을 한 결과 그 믿음이 성장하는 모습을 볼 때 더욱 신이 났습니다. 오늘날 폴과 그의 아내의 삶은 다른 부부들이 하나님을 의뢰하는 법을 배우도록 돕는 일에 힘 있게 사용되고 있습니다. 드리는 것은 당신의 믿음의 성장을 촉진합니다.

당신의 예탁금을 하늘 은행에 맡길 것

하나님께서는 드리는 자들에게 주시므로 드리는 자가 곧 받는 자입니다. 그런 사람들은 돈, 번영, 축복, 그리고 영원한 상급들을 받게 되며 무엇보다도 믿음 안에서 성장하게 됩니다.

그런데 돈을 드리는 것이 하나님께 매우 의미가 있는 이유는 당신의 돈을 드리는 것이야말로 당신 자신을 드리는 것이기 때문입니다. 하나님께서는 결코 당신 돈을 필요로 하지 않으시며 다만 당신의 마음을 원하십니다. 당신의 돈을 취하시는 것은 곧 당신 마음을 얻고자 하심입니다.

만약 당신이 마음은 하나님께 드리지 않으면서 돈만 드리고자 한다면, 그것은 아무 소용이 없습니다. 혹시 자기 교회를 상대로 소송을 걸어 몇 년 동안 자기가 낸 헌금

800불을 배상받으려고 했던 어떤 사람에 대한 기사를 읽어 보셨는지요? 그의 불평은 하나님이 자기를 풍성히 축복해 주시리라는 목사의 약속에 따라 헌금을 냈었는데 약속대로 안 되더라는 것이었습니다. 그래서 그는 자기 돈을 다시 되돌려 달라는 것이었습니다. 어느 누구도 하나님의 **축복과 상급을 돈 주고 살 수는 없습니다.**

그걸 보더라도, 누구든지 주기를 거절하고는 하나님의 축복을 깨달을 수 없습니다.

드리는 것은 당신의 믿음을 예탁하는 방법이며 당신의 영적인 삶이 성장하는 길입니다. 주는 자로 시작하지만 끝내는 얻는 자가 될 것입니다.

164　능히 이루시는 하나님

8
성경은 당신을 계속 믿음으로 나아가게 해줍니다

당신은 그리스도인들 사이에서조차도 성경에 대해서는 천차만별의 반응을 보이는 것을 발견할 것입니다. 어떤 사람은 아주까리 기름으로 비유하여 입에 쓰기는 하지만 몸이 불편할 때 유익하다고 하기도 하며, 또 어떤 이는 별 맛은 없지만 영양이 풍부한 자연식품에 견주기도 합니다. 또는 '조금만 발라 봐요. 씻은 듯이 나아요' 식의 만병통치약처럼 사용하는 사람들도 있습니다.

성경은 당신으로 하여금 계속 하나님의 자원에 연결되어 있도록 해주는 것이므로, 성경 없이 참된 믿음의 삶을 살아가기란 거의 불가능합니다. 길을 안내하는 역할을 하는 성경이 없는 믿음은 마치 엄청난 자기 집 보물이 애팔래치아 산맥의 어느 곳엔가 묻혀져 있다는 것만 아는 빈털터리와 같습니다. 그런 사람은 이곳저곳을 파헤쳐 간신히 그 보물을 찾아낼 수도 있었겠지만, 지도를 가지고 있었더라면 얼마나 한결 더 쉽게 찾을 수 있었겠습니까?

바울은 이렇게 말합니다. "그런즉 믿음은 들음에서 나며, 들음은 그리스도의 말씀으로 말미암았느니라"(로마서 10:17).

하나님의 성품

콜로라도스프링스로부터 덴버까지 가는 비행기에서 한 그리스도인 부인이 옆자리에 앉은 아가씨에게 영적인 일들에 대한 이야기를 꺼냈습니다. 그 아가씨는 이렇게 대답했습니다. "글쎄요. 저도 신앙이 좀 더 깊어져야 한다는 건 알고 있어요. 교회에는 많이 나가 보았지만, 곧 스키에 몰두하게 되고, 사실 그게 더 재미있었거든요. 그래서 그만두고 말았어요."

"도대체 하나님이 어떤 분이기에 아가씨는 스키를 위해 하나님을 포기하기까지 했죠?" 그 부인이 물었습니다.

그 아가씨는 잠시 생각에 잠기는 것 같았습니다. 이것은 분명 그녀에게 새로운 개념을 던져 준 질문이었습니다. "저의 아빠는 참 놀라운 분이세요. 어쩌면 가장 위대한 사람 중 하나일 거예요. 하지만 교회 가는 데에는 별 관심이 없으시거든요. 그런데 제가 다니던 교회에서는 교회 출석을 안 하면 하나님이 지옥에 보낼 거라고 말하잖아요. 그래서 저는 하나님이란, 일주일에 한 번 교회 가는 걸 따분하다고 생각하고 교회 출석을 빠뜨린다고 해서 우리 아빠와 같이 놀라운 분에게 지옥의 벌을 내리는 그런 신이라고 생각되었어요."

그 부인은 고개를 저었습니다. "아가씨가 섬기고 있던 신이 그런 정도라면, 나라고 해도 포기하고 스키를 즐길 거예요! 그렇지만 아가씨, 성경의 하나님을 찾아보아야 해요. 그분이야말로 아가씨가 가진 모든 것을 드릴 만한 분이시라는 것을 발견할 줄로 믿어요."

예수님께서 이렇게 말씀하셨습니다. "하나님은 영이시니 예배하는 자가 신령과 진정으로 예배할지니라"(요한복음 4:24). 당신은 어떻게 진정으로 하나님께 예배드립니까? 그가 이런 분일 것이다 혹은 이렇게 행하실 것이다 하고 당신 나름대로의 상상으로 빚어낸 어떤 형상으로 말미암아서가 아니라 사실 그대로의 하나님이심을 인하여 그를 예배하는 것입니다. 당신이 어떤 주변 환경이나 다른 사람들의 의견만을 바라보게 될 때 자못 혼란에 휩싸이기 쉽기 때문에, 당신은 참으로 하나님이 어떤 분이신가를 발견하기 위해 성경의 도움이 필요합니다.

우리가 사는 세상은 하나님에 대해 온갖 그릇된 개념들을 가르치는 사람들로 가득합니다. 손에 몇 푼만 쥐고 있으면 당장에라도 지난 몇 년 동안 제작된 갖가지 영화를 볼 수 있는데, 그들은 목사란 상대방의 반박을 무마하기 위해서 스스로 하나님의 부르심을 받은 자라 공언하면서도 아내를 구타하거나, 부도덕을 자행하는 사람, 또는 심지어 살인자로 묘사하고 있습니다. 혹은 온갖 "하지 말라" 조항들을 몸에 두르고 다니는 그저 온유하고 부드러우며 경건한 성자로 묘사하기도 합니다. 그 어느 쪽 유형도 성경에서 보여 주고 있는 하나님의 사람들이 아닙니다.

당신은 오늘날 산더미처럼 쌓여 있는 철학의 쓰레기더미를 지나서 하나님 자신을 직접 추구할 필요가 있습니다. 성경이 필요한 까닭은 바로 이것, 곧 하나님이 참으로 어떤 분이신가를 알고 그를 진정으로 예배하기 위한 것입니다. 믿음은 곧 누군가를 의뢰하는 것이므로 그 누군가에 대한 당신의 신뢰는 그를 점점 알아 가고 그의 신빙성을 확인해 갈 때 자연스럽게 다져집니다.

하나님의 약속들

우리 집 딸아이들이 각각 아홉 살과 열 살 되던 해였는데, 이 애들이 아내 패티에게 어머니날 선물로 생각해 낸 아이디어가 기발했습니다. 그 두 아이는 작은 수첩만한 노트를 마련하여 "약속의 책"이라고 이름을 붙였습니다. 크레용으로 그린 온갖 꽃 그림과 무늬로 가득 차 있었는데 각 페이지에는 "설거지를 도와 드리기로 약속해요" 혹은 "저의 잠자리는 제가 정리하기로 약속할게요" 등과 같은 약속이 적혀 있었습니다. 아이디어란 엄마가 자기에게 요긴한 약속이 적힌 페이지를 뜯어 그들에게 주면 약속한 대로

성경은 당신을 계속 믿음으로 나아가게 해줍니다

도와주겠다는 것이었습니다.

이것은 하나님께서 당신을 위해 성경 안에 마련해 두고 계신 것과 같은 것입니다. 당신에게 어떤 필요한 것이 있을 때 그의 약속의 책을 열고 당신의 필요에 맞는 것을 취하여 제출하면 됩니다.

바벨론에 포로로 잡혀 있던 어느 날 다니엘은 예레미야를 읽고 있었습니다. 그는 이스라엘의 포로 생활에 대해 하나님께서 주신 약속(예레미야 25:8-14, 29:10)을 발견하였습니다. 그는 주님께서 예루살렘의 황폐가 70년 동안 계속되리라고 오래 전에 약속하셨던 사실을 깨닫게 된 것입니다. 그리하여 그는 주머니에서 계산기를 꺼내 두드려 보고는 바벨론에 사로잡힌 지 70년이 지난 것을 알았습니다. 그는 기도하기 시작했으며 하나님께서 구원해 주실 것을 믿게 되었습니다. 에스라와 느헤미야는 다니엘의 기도에 대한 응답을 기록하고 있습니다. 다니엘이 구원해 주시도록 간구할 수 있었던 동기는 바로 그 약속을 발견했던 데 있었습니다(다니엘 9:2-3).

하나님께서 주신 약속들을 발견하고 그 사용 방법을 배움으로써 나의 믿음의 삶은 크게 바뀌게 되었습니다.

나는 대학생 시절 그리스도인이 된 지 몇 달도 채 되지 않아 징집영장을 받고 곧장 신병 훈련소에 들어갔습니다. 군 복무의 경험이 있는 분이라면 내무반 내의 분위기는 그리스도인의 성장에 어떤 도움을 줄 수 있느냐 하는 질문을 받을 때 강낭콩의 성장에 태평양 바닷물이 주는 정도의 도움밖에는 주지 못한다고 선뜻 대답할 것입니다. 나는 허우적거리고 있었습니다. 군에 들어와서도 그리스도인으로서의 삶을 지속해 보고자 하는 열망은 있었지만, 곧 나에게 밀어닥쳐 짓누르는 죄의 유혹과 기회들로 말미암아 혼란에 빠지게 되고 내가 정말로 그리스도인이 되었는지에 대해서조차 의심이 될 지경이었습니다.

바로 이처럼 영적으로 오리무중 상태에서 헤매고 있을 때 나는 82공수부대로 전입되어 노스캐롤라이나 주의 포트브래그 땅을 밟게 되었습니다. 그곳에서 하룻밤을 자고 다음날 아침이 되었을 때 하사관이 일어나더니 토요일 저녁 6시 30분에 종교 센터에서 성경공부를 한다고 발표했습니다. 그것은 마치 주린 자에게 불고기 요리라도 주는 격이었습니다. 그날 저녁 나는 그 그룹을 찾아 나섰는데, 내가 그 센터에 도착한 것은 공부가 시작된 지 이미 15분이 지난 후였습니다. 내가 걸어 들어갔을 때에는 참석자들이 모두 앉아 있었고 한 중위가 그들과 이야기하고 있었습니다.

그는 우리가 그리스도의 능력을 경험하기 위해서는 하나님의 말씀을 간직하는 것이 꼭 필요하다는 점을 주제로 토의를 이끌고 있었습니다. 내게 필요했던 것도 바로 하나님의 능력을 경험하는 것이었기 때문에 그 이야기에 나는 솔깃해졌습니다.

"성경이 우리에게 어떤 유익을 줄 수 있는지 보여 주고 있는 구절을 하나 찾아볼까요?" 중위가 물었습니다. 나는 깜짝 놀라 쳐다보았습니다. 나는 성경 말씀을 사용하는 것에 익숙한 교회 안에서 성장해 왔지만 그 질문은 내 힘에 부치는 것이었습니다. 나는 성경이 어떤 일을 할 수 있는지에 대한 나의 견해라든가 기껏해야 성경에 이렇게 쓰여져 있을 것이라고 짐작되는 바를 이야기할 수는 있었지만, 어떤 한 구절을 정확하게 골라낼 수는 없었고, 또 어느 누가 그 질문에 대답할 수 있으리라고는 전혀 생각되지 않았습니다.

그 중위가 맨 앞에 있던 일등병을 가리키자 그는 즉각 "베드로전서 2장 2절과 3절에서 잘 보여 주는 것 같습니다"라고 대답했습니다.

나는 그때 성경을 꺼내 겨우 맨 앞에 목차가 나오는 페이지를 펼쳤던 기억이 나는데, 실은 베드로전서가 어디쯤에 나오는지도 몰랐기 때문입니다. 내가 성경을 뒤적여 겨우 그 구절을 찾았을 때, 중위는 "한번 암송해 보게" 하고 일등병에게 말했습니다.

"갓난아이들같이 순전하고 신령한 젖을 사모하라. 이는 이로 말미암아 너희로 구원에 이르도록 자라게 하려 함이라. 너희가 주의 인자하심을 맛보았으면 그리하라." 한 마디 한 마디를 또렷하게 암송하는 것을 보고 나는 다시 한번 놀라지 않을 수 없었습니다.

다시 중위가 다른 사람을 가리키며 어떤 구절을 암송해 보도록 하자 그도 잘 해냈습니다.

그걸 보고 나는 아예 성경을 덮었습니다. 나는 마치 작은 선지자들의 모임에 괜스레 끼어든 것이 아닌가 하는 생각이 들었던 것입니다.

모임이 끝난 후 중위는 나와 개별적으로 이야기하는 가운데 내가 지켜보았던 그들 병사들의 삶에 나타난 그런 확신과 담대함이 어디로부터 나오는 것인지 설명해 주었습니다. 그는 그들도 나와 똑같은 사람들로서 하나님을 위해 살고자 하는 한결같은 열망이 있는 사람들일 뿐이라는 것을 분명하게 이야기해 주었고, 다만 나는 문자 그대로 영적으로 굶주리고 있는데 반하여 그들의 영적 굶주림은 말씀으로 채워지고 있는 것뿐이라고 설명해 주었습니다.

그는 이어 성경 구절 4개가 들어 있는 소책자를 꺼내 건네주며 말했습니다. "일병, 다음 주 토요일 저녁 성경공부 시간까지 이 중 세 구절을 암송해 오게."

그 주 동안 나는 받은 구절들을 암송했는데, 그중 한 구절이 내 삶에 변화를 주기 시작했습니다. 하나님이 신실하시며 유혹을 당할 때 피할 길을 주신다는 것(고린도전서 10:13)은 곧 하나님이 말씀에서 밝히신 약속이었습니다. 나는 전에도 몇 번 부딪혔던 똑같은 유형의 유혹을 당하곤 했는데 그때마다 그 구절이 머릿속에 번쩍 떠올랐습니다. "러쓰, 일찍이 약속했던 바대로, 이것은 네가 감당치 못할 만한 것이 아니야." 성령께서 내게 상기시켜 주시곤 했습니다. "피할 길이 마련되어 있고, 내가 너를 언제까지든지 신실하게 보호해 줄 거야."

나는 하나님의 말씀이 내 안에 들어오면서부터 나 자신

이 그리스도인으로서 성장해 가는 것을 보게 되었습니다. 나는 내가 의뢰하고 있는 하나님을 점점 더 잘 알아 가고 있었기 때문에 더욱 하나님을 의뢰하게 되었습니다. 그리하여 나는 하나님께서 약속하신 것들을 찾아내서 이 약속들을 내 자신의 삶에서 주장하기 시작했습니다.

그 약속들은 이제 당신을 위해 있는 것입니다. 하지만 그것들이 어떤 것인지 모른다면 당신은 아무 유익도 얻지 못합니다.

하나님의 전망

아이가 태어났는데 팔다리가 없습니다. 네 자녀를 둔 젊은 부인이 암으로 죽습니다. 어떤 사람이 정신이상자인 뜨내기의 총격을 받고 쓰러집니다. 당신이 하나님을 전혀 알지 못하는 가운데 이런 상황에 접하게 될 때, 비탄과 절망 외에 당신은 어떤 반응을 나타낼 것입니까?

당신은 혹시 비바람이 몰아치는 험상궂은 날씨 속에 기어오르다시피 하여 비행기를 탄 다음, 이륙 후 단 몇 분만에 찬란한 햇빛을 받으며 폭풍우 위를 날고 있는 당신의 모습을 발견했던 경험이 있는지 모르겠습니다. 그런 경우 당신은 그날의 날씨가 어떻다고 말하겠습니까? 험한 폭풍우라고 하겠습니까, 아니면 화창하고 아름다운 날씨라고 하겠습니까? 이 모든 판단은 당신이 위에서 아래를 내려다보느냐 아니면 밑에서 위를 올려다보느냐에 따라 달라집니다. 한마디로 당신의 보는 관점에 달려 있는 것입니다.

바울과 실라가 한밤중에 옥에 갇혀서도 하나님께 찬송을 드릴 수 있었던 것은 바로 이 때문입니다. 노예로 팔렸던 요셉이 나중에 자기 형들에게 "당신들은 나를 해하려 하였으나 하나님은 그것을 선으로 바꾸셨나이다"(창세기 50:20)라고 말할 수 있었던 것도 마찬가지 이유였습니다. 이들은 자신들의 삶에 닥친 상황들을 자신의 관점으로가 아니라 하나님의 관점으로 바라보고 있었던 것입니다.

하노이 힐튼에서 7년 동안이나 수용되어 있었던 한 미군 포로가 우리들 대부분은 참을 수 없을 것으로 보이는 그런 상황에서 하나님의 말씀이 어떻게 자기에게 하나님의 전망을 가질 수 있게 해주었는지 이야기하는 것을 들은 적이 있었습니다.

수용소 기간 중 어느 해 크리스마스엔가, 포로들에게 메릴린치 투자회사에서 보낸 크리스마스카드를 받아 보는 것이 허용되었습니다. 카드 속에는 성경 말씀이 적혀 있었습니다. "천하에 범사가 기한이 있고 모든 목적이 이룰 때가 있나니, 날 때가 있고 죽을 때가 있으며… 울 때가 있고 웃을 때가 있으며… 사랑할 때가 있고 미워할 때가 있으며 전쟁할 때가 있고 화평할 때가 있느니라"(전도서 3:1-8). 주님께서는 그 말씀을 사용하여 포로생활이라는 환경이 결코 우연히 일어난 것이 아니라는 사실을 그에게 일깨워 주셨습니다. 그의 생애 가운데 주어진 모든 환경은 하나님의 목적을 성취하기 위해 가장 적합한 때에 완벽하게 마련

되었던 것입니다. 그 전망으로 인하여 그는 수용소 내에서 생활하는 동안 계속 인내할 수 있었습니다.

인간적으로는 실패처럼 보이는 것도 때로 궁극적인 성공을 이루시려는 하나님의 완벽한 계획인 경우가 허다하므로, 당신 자신의 전망으로부터는 어떤 것이 승리인지 아닌지를 정확하게 단정 지을 수 없습니다. 그 예로 십자가 위에서 죽으신 그리스도를 생각해 보십시오. 순전히 인간적인 관점으로만 보면 이것은 결정적인 패배였습니다. 그러나 하나님의 관점에서 볼 때, 그것은 전 인류를 위하여 죄와 사망을 이기신 승리였습니다.

그것은 곧 바울이 자기 자신에 대하여 "근심하는 자 같으나 항상 기뻐하고, 가난한 자 같으나 많은 사람을 부요하게 하고, 아무것도 없는 자 같으나 모든 것을 가진 자로다"(고린도후서 6:10)라고 말한 중의적 표현에서 나타내고자 했던 깊은 의미인 것입니다.

결국 그는 어느 쪽이었습니까? 부유했습니까, 가난했습니까? 근심하는 자였습니까, 기뻐하는 자였습니까? 그건 당신의 전망에 달린 문제입니다. 당신으로 하여금 환경에 대한 올바른 전망을 갖도록 도와주는 것은 하나님의 말씀입니다.

하나님의 자원을 당신의 것으로 활용할 것

당신이 섬기는 하나님은 당신의 가려운 곳을 긁어 주시는

데 익숙합니다. 그의 말씀은 무슨 신학적 논쟁 거리로 삼으라고 주어진 것이 아니라 당신의 삶에 변화를 주기 위해 주어진 것입니다. 하나님께서는 그 말씀을 가리켜 거울, 빛, 떡, 검, 불, 반석, 방망이라 부르십니다. 일상생활에서 이 외에 또 다른 말들을 생각해 볼 수 있겠습니까?

그러나 많은 그리스도인들이 성경 말씀으로 말미암아 변화를 받고자 하지만 변화와 말씀을 이어 주는 고리가 빠져 있어서 그 결실을 보지 못하고 있습니다. 빠진 고리란 그들이 매일 하나님의 말씀으로부터 하나님께서 자신들에게 개인적으로 말씀하시는 것을 경험하지 못하는 것을 말합니다. 즉 성경을 읽기는 하지만 하나님께서 그걸 통하여 자신들에게 주시는 개인적인 메시지를 어떻게 듣는지 모르는 것입니다. 당신은 혹 이렇게 생각하지 않으십니까? "예, 사실은 제가 그래요! 하지만 어떻게 그걸 바꿀 수가 있나요?"

처음 시작할 때 좋은 방법은 매일 짧은 단락을 읽고 그 단락 중에서 당신의 현재 처한 상황에서 의미가 깊다고 생각되는 한 구절에 주목하는 것입니다. 다음에는 왜 그 구절이 당신에게 의미가 있는지, 또는 어떻게 그 말씀이 당신의 행동을 바꾸는 데 사용될 수 있는지 간단히 적어 봅니다.

어쩌면 그것은 당신을 불편하게 하는 사람에 대해 당신의 태도를 바꾸도록 격려해 주는 구절이 될 수도 있고, 아니면 당신이 곧 만나 이야기를 건네려고 하는 불신자인 친구에게 설명해 줄 수 있는 어떤 아이디어가 될 수도 있습니다. 또한 하나님의 성품에 대해 새롭게 깨달은 내용으로서 때마침 당신에게 필요했던 것이어도 좋습니다.

일단 한번 해보십시오. 꼭 거창한 것이 아니라도 좋으며, 꼭 마르틴 루터를 깜짝 놀라게 할 만한 것이 아니라도 좋습니다. 다만 주님과 만나 주님이 당신의 삶과 주님 자신에 대해 말씀하시도록 하면 됩니다. 그런 다음에는 당신에게 행하라고 말씀하시는 바를 행하고, 당신에게 보여 주시는 바를 믿으십시오. 당신은 이내 주님의 자원이 당신의 매일의 삶에서 더욱더 효과적으로 사용되는 것을 보게 될 것입니다.

사도 바울은 "나의 의뢰한 자를 내가 알고…"(디모데후서 1:12)라고 말했습니다. 이렇게 하나님과 그의 자원에 대해 아는 지식으로 말미암아 바울은 믿음 안에서 거인이 되었습니다. 믿음이 계속 성장하도록 성경 말씀을 섭취하십시오. 곧 당신은 당신이 믿고 있는 그 하나님께로부터 얼마든지 얻을 수 있는 자원과 전망에 대하여 눈을 뜨게 될 것입니다.

178　능히 이루시는 하나님

9

찬양은 변화를 가져다줍니다

몇 년 전 나는 데일 카네기 강좌를 들었는데 당시 강사는 우리들에게 생활 가운데 만나는 까다로운 사람들-모든 사람에게 다 있는 것이지만-에 대해 반사적으로 불평하지 말고 칭찬하는 마음으로 반응하라고 도전했습니다. 그리고 강의를 마치면서, 다음 시간까지 자기 마음에 들지 않는 사람을 칭찬하는 방법들을 찾아오라고 과제를 내주었습니다.

그 다음 시간이 되어 강사가 우리들에게 한 주일 동안 어떻게 지냈느냐고 묻자 한 사람이 손을 들었습니다. "예, 저는 우리 사무실에 있는 한 사람과 함께 있기가 정말 거북한데, 지난주 동안엔 그를 칭찬하려고 애썼습니다. 그런 과정에서 그 사람은 조금도 바뀌지 않고, 다만 제 자신이 많이 바뀌게 된 것을 발견했습니다."

찬양을 어떤 사전에서는 이렇게 정의하고 있습니다. "좋든 나쁘든 우리들에게 생겨나는 모든 일들을 있는 그대로 받아들이는 것."

이것이 사실이라면 당신이 어떤 일들에 대해 하나님을 찬양하고자 할 때 그 일들이 반드시 좋은 것이어야만 하는 것은 아닙니다. 즉 당신이 보건대 당신의 삶 가운데 일어나는 어떤 일들이 탐탁지 않을 때조차도 하나님을 찬양할 수 있습니다.

바울은 이렇게 명령하고 있습니다. "범사에 감사하라. 이는 그리스도 예수 안에서 너희를 향하신 하나님의 뜻이니라"(데살로니가전서 5:18).

그는 또한 성령 충만의 한 결과가 "범사에 우리 주 예수 그리스도의 이름으로 항상 아버지 하나님께 감사"(에베소서 5:20)하는 것이라고 가르치고 있습니다.

다윗은 "무슨 일이 일어나든 나는 여호와를 찬양하리이다"(시편 34:1, LB) 하고 다짐하기도 했습니다.

대부분의 그리스도인들은 하나님께서 우리에게 선을 베푸시거나 축복하실 때 또는 형통케 하실 때 찬양을 받으시는 것이 마땅할 줄 알고 있습니다. 추수 감사절이 있는 것도 다 그런 연유가 아니겠습니까? 하나님께서 한 해 동안 당신에게 선한 일들을 베풀어 주셨기 때문에 그 일로 인하여 당신은 하나님께 감사드리는 것입니다. 하나님께서 해주신 일로 말미암아 당신이 만족해하고 있다는 것을 하나님께 표시하는 것입니다. 하나님께서 당신의 수입을 올려 주시거나, 몸이 아픈 자녀를 치료해 주시거나, 혹은 아저씨뻘 되는 분의 마음이 움직여 그가 당신에게 요트를 선물했을 때, 당신은 하나님께 찬양을 드리게 됩니다.

그러나 때로는 당신의 삶에 닥치는 일들에 대해 그대로 받아들이고 만족해하기가 쉽지 않은 경우가 있습니다. 이를테면 기도했지만 원하는 응답을 받지 못했을 때, 또는 각종 요금 청구서는 날아 들어오는데 남편이 실직을 당했을 때, 그리스도께로 돌아와 새로운 삶을 살도록 오래 전부터 아들을 위해 간절히 기도해 왔건만 성경공부는 고사하고 계속 세상 친구들과 어울려 술이나 마시고 돌아다닐 때가 그런 경우입니다.

이러한 상황들로 말미암아 걱정과 불안에 휩싸일 수 있습니다. 그러나 이런 일들 가운데에서도 하나님께서 역사하신다는 것을 알 때 도리어 평화와 기쁨을 누릴 수 있습니다. 혼란의 와중에서 하나님의 평화를 경험하기 위해 필요한 믿음은 그런 곤란한 상황 가운데서도 하나님을 찬양할 때 생겨납니다.

우리 교회학교의 한 부인으로부터, 곤란한 상황에 처한 가운데서도 하나님을 찬양해야 한다는 것에 도전이 되었던 이야기를 들었습니다. 그녀 남편의 직업은 건물을 지을 때 방수 기초공사를 하는 것이었는데, 경기 침체와 이에 따른 건축 경기 부진으로 큰 타격을 입어 그들의 수입도 역시 저조하게 되었습니다.

설상가상으로, 그들은 자녀들이 다니는 기독교 학교의 수업료를 다른 지역에 갖고 있던 집에서 나오는 방세에 의존하고 있었는데 그 집마저 비게 되었습니다. 그리하여 자녀들이 학교를 그만두는 것을 고려해야 하는 지경에까지 이르렀습니다.

그 부인은 교회학교에서 찬양을 배운 후 하나님과만의 교제 시간을 가졌습니다. "주여, 제겐 그럴 마음이 도무지 생기지 않지만, 모든 일에 주님을 찬양하라고 말씀하신 것을 기억합니다. 벌이가 신통치 않아 재정적으로 쪼들리지만 주님께 감사드립니다. 세로 내놓은 집도 나가지 않아 아이들이 학교에 다닐 돈이 없지만 감사합니다. 저는 비록 지금 이런 것들을 이해할 수는 없지만 이 모든 일에 주님을 찬양하겠습니다."

다음날 아침 그녀는 당좌예금 내역을 살펴보다가 놀라운 사실을 발견했습니다. 한 가지 실수를 찾아냈는데 그녀에게는 유리한 것이었습니다. 다름 아니라 그녀 가족의 3개월 생활비로 써도 충분한 만큼의 돈이 그제야 발견되었던 것입니다. 이제 하나님께 열납된 찬양은 단지 믿음 자체에 머무르지 않고 실제로 하나님의 역사를 가져왔습니다.

그러나 하나님은 여기서 그치지 않으셨습니다. 그들 집의 임대 문제를 부탁받았던 부동산 소개업자로부터 바로 조금 전에 그 집이 나갔다는 전화가 왔습니다. 게다가 그 집에 세든 사람들이 그녀에게 집을 팔지 않겠느냐는 제안을 해왔습니다. 결국 학비를 댈 충분한 돈이 생기게 되었습니다.

좋지 않은 상황에 대해 하나님을 찬양하는 것은 곧 하나님께서 들어오셔서 당신을 위해 역사하시도록 문을 열어 드리는 것입니다.

내가 하나님 찬양의 원리 속에 들어 있는 이런 능력에 대해 처음 발견한 것 중의 하나는, 찬양은 실로 내가 꿈도 꾸지 못했던 결과를 가져다준다는 것이었습니다.

내가 항상 원하던 한 가지는 각 대학에 다니며 학생들에게 복음을 전하는 것이었습니다. 나의 열망에 제동을 거는 문제점은 학생들이 스스로를 소문난 지성인으로 자처하는 반면, 나 자신은 그렇지 못하다고 생각하는 데 있었습니다. 나는 이것저것을 꿰맞추어 가며 생각해 보았지만 단지 자격이 없다는 것을 이유로 내 열망은 성취될 길이 없을 것 같다는 결론에 이르게 되었습니다.

그러다가 몇 년 전에 나는 하나님께서 내가 원하는 방법대로 잘 풀려 나가는 일뿐만이 아니라, 하나님이 내 삶에서 행하고 계시는 모든 일에 감사하기를 원하신다는 사실을 깨닫게 되었습니다. 나는 곧 하나님께서 나를 지으신 것과 내가 지적인 사람이 아니라는 사실에 대해서 감사하기로 마음먹었습니다. 비록 내게 선택권을 주셨더라면 다른 모습을 택했을지도 모르지만 어쨌든 나를 지금 이 모습대로 지으신 것에 대해 하나님을 찬양하게 되자, 나는 내가 바라던 나 자신의 모습과 나 자신의 현재 실상이 다른 데서 오는 좌절감으로부터 자유로워졌고 실로 '하나님의 평강을 얻을 수 있었습니다.

  그러나 하나님은 더 많은 것을 생각하고 계셨습니다. 우리 가족이 콜로라도스프링스로 이사한 후 어느 날, 우리 교회 목사님이 그의 방으로 나를 불렀습니다. "러쓰 형제님, 제게 한 가지 생각이 있습니다. 실은 러쓰 형제님이 대학생들에게 전해 주면 좋을 듯한 메시지에 대해 생각해 왔습니다. 다른 게 아니라, 미래의 충격과 대유성 지구의 종말을 읽고 '21 세기를 대비한 삶의 준비' 등과 같은 것을 주제로 하는 메시지를 만들어 보면 어떻겠습니까?"

  나는 그의 제안을 받아들여 메시지를 만들어 지금까지 전국의 대학을 순회하며 수백 차례에 걸쳐 그 메시지를 전해 왔습니다. TV, 라디오, 신문지상으로도 전했으며 이 주제를 가지고 대학 강의도 담당한 바 있고 매사추세츠 대학교와 미네소타 대학교에서는 철학 시간도 맡아 강의했습니다. 하나님께서는 그 메시지를 사용하여 수많은 학생들이 주님께 돌아오게 하셨습니다. 나는 그 일을 회상할 때마다 책 두 권을 읽고 하나님께 찬양을 돌린 것 외에는 한 일이 없는 농학 전공자에게 하나님께서는 과분하리만큼 좋은 결과를 이루어 주신 것을 보게 됩니다.

  찬양은 자연계의 가능성을 초월하는 결과를 초래할 수 있는 초자연적 능력에 이르는 문을 열어 주기 때문에 찬양이 이처럼 큰 역사를 이룬다고 생각됩니다.

하나님에 관하여 당신이 믿어야 할 것

대학에서 심리학 개론이라도 들은 사람이라면 이렇게 "나쁜 일도 반기는" 삶의 태도에 대하여 조금은 난색을 보이는 자신을 발견하게 될 것입니다. 처음에는 그것이 현실도피는 아닐까 하고 생각될지도 모릅니다.

그런 생각이 들지라도 일단 마음을 놓으십시오. 모든 일에 하나님을 찬양하는 일에 있어서, 하나님은 결코 이성의 다리에서 믿음으로 훌쩍 뛰어내리라고 당신을 떠밀지 않으십니다. 시편 기자는 지혜로써 주님을 찬양하라고 말합니다(시편 47:7). 하나님을 더욱 친밀히 알아 감에 따라 당신은 그에 필요한 지혜와 기술들을 익히게 됩니다.

하나님은 주권자이십니다. 당신은 하나님이 얼마나 많은 통치권을 갖고 계시다고 믿습니까? 하나님께서 온 땅을 다스리시는 능력을 갖고 계신 것을 믿습니까? 자연 및 모든 국가와 권력뿐 아니라, 그의 원하시는 대로 어떤 사람이나 환경을 변화시키고 조정하실 수 있는 하나님이심을 믿습니까? 하나님의 허락 없이는 아무것도, 결코 아무것도 당신의 삶에 영향을 줄 수 없다는 사실을 믿습니까?

하나님은 선하십니다. 당신의 하나님이 얼마나 선하십니까? 하나님은 결코 당신을 상대로 장난을 즐기거나, 아니면 당신을 자기의 거대한 기계 속에 있는 톱니바퀴처럼 부려 먹으려고 하시는 분이 아님을 확신합니까? 하나님이 이 세상에서—그리고 당신의 세계 안에서—행하시는 모든 일은 그의 사랑의 마음으로부터 나온 것으로서 전적으로 당신의 유익을 위한 것임을 믿습니까?

하나님은 전능자이십니다. 하나님이 당신보다 능하신 것을 믿습니까? 실상, 당신이 일을 망쳐 놓더라도 모든 것을 다시 선으로 바꿔 주실 수 있는 능력을 가지신 하나님이십니다. 하나님은 당신의 실패나 실수 또는 과거의 죄로부터 얻은 교훈들조차 선으로 바꾸실 수 있습니다.

하나님의 성품에 대한 이런 이해가 없으면, 당신도 빚더미에 심히 눌렸다가 마침내는 헤어날 길이 없어 파산을 선언하기로 했던 캔자스시티의 한 그리스도인 사업가와 같은 처지가 될 것입니다.

다른 그리스도인 형제가 그에게 권면하여 하나님께로 나아가 구하라고 하자, 그는 이렇게 항변했습니다. "안 돼요. 그럴 수 없소. 내 스스로 이 일에 뛰어들었기 때문이오. 하나님께서 뜻하시던 대로 따랐더라면 오늘날 이 지경이 되지는 않았을 거요. 따라서 이제도 내 스스로 헤쳐 나가야 하오."

그리스도인 상담자로서 많은 경험을 가진 조지 산체스의 관찰에 의하면, 많은 그리스도인들이 "만약"이라는 증세들의 구름 밑에서 자신들의 삶을 이끌어 가고 있다고 합니다. "내가 만약 그 여행을 하지 않았더라면, 그렇게 실패하지는 않았을 텐데," "내가 만약 남편에게 그토록 심한 과로는 피하라고 했던들, 그에게 사고가 나지 않았을 텐데." "만약"이란 증세들은 절대주권자이시며 절대 선하신 하나님보다 뒤떨어지는 어떤 다른 하나님을 섬기는 데서 오는 것입니다. 당신이 성경상의 하나님을 믿는다면, "만약"이란 증세들에 대해 당신은 이렇게 반응합니다. "주님, 감사합니다. 이렇게 파탄에 이른 것도, 남편의 뇌일혈 사고도 모두 감사합니다. 주님은 이것들을 통해서도 제게 선을 베푸실 수 있으며 또 그것을 원하시기 때문입니다. 주님께서 하시는 일을 제지할 수 있는 것은 아무것도 없습니다."

하나님을 찬양할 때 결말이 모두 당신에게 선을 이룬다고 해서 당신이 찬양을 드리기 전에 그 일의 실마리가 어떻게 풀려 갈 것인지를 다 이해해야 한다고 생각하지는 마십시오. 또, 하나님이 당신에게 무엇을 가르치시고자 하는지, 왜 일이 이런 식으로 되어 갈까에 대해서도 다 알아야 한다고 생각할 필요가 없습니다. 믿지 아니하는 사람이라면 "왜?" 하고 묻겠지만, 그리스도인들은 "하나님께서 무엇을 내게 가르쳐 주시고자 하는가?"라고 물을 것입니다.

이런 질문들에 대한 해답을 찬양의 선행 조건으로 삼을 필요가 없습니다. 당신은 믿음, 즉 하나님께서 그 모든 일을 선으로 바꿔 주실 것이라는 믿음으로 하나님을 찬양하는 것이므로, 도중에 발생하는 모든 일에 대해 반드시 이해해야 할 필요는 없는 것입니다.

당신도 알다시피 찬양은 삶의 현실로부터 회피하는 통로가 아닙니다. 오히려 믿음을 가지고 정면으로 도전하는 것입니다.

찬양이 당신의 삶 가운데 이루게 될 일

찬양은 하나님의 능력이 당신이 처한 상황 속에 임하게 하는 역할을 합니다. 하나님은 왜 모든 삶의 환경 속으로 뛰어들어 역사하시지는 않는 걸까요? 그 까닭은 그럴 마음이 없어서 또는 그런 능력이나 해결책이 없어서가 아닙니다. 오히려 당신 스스로 당신이 처한 상황 주위에 장벽을 쌓아 놓고 하나님께서 들어와 역사하시는 것을 용납지 않기 때문일 것입니다. 그건 당신에게 있는 의지의 장벽일지도 모릅니다. 즉 당신은 그 문제가 어떤 식으로 해결되면 좋겠다 생각해서 미리 결정해 놓고, 하나님이 개입하셔서 다른 방식으로 처리하시지는 않을까 하고 염려하기 때문입니다. 어쩌면 그건 의심이나 두려움의 장벽일 수도 있습니다.

하나님께서 당신 삶의 필요들을 채우시도록 하기 위하여 어떻게 이 벽들을 허물어 버릴 수 있겠습니까? 어떻게 당신의 움켜쥔 손을 놓아서 하나님께서 그의 뜻대로 하실 수 있도록 하겠습니까?

하나님은 자기 백성들의 찬양 중에 거하십니다(시편 22:3). 즉 찬양 속에서 사신다는 말입니다. 그러므로 당신의 삶에 생겨난 이런 문제들에 대해 하나님을 찬양하기 시작할 때, 당신은 곧 하나님을 그 문제 가운데로 모셔 들이는 것입니다. 당신은 환경을 허락하시는 하나님의 절대주권을 인정하고, 그 모든 것을 결국에는 선으로 바꿔 주시는 그의 능력과 선하심을 찬양해 온 터입니다. 그 믿음이 당신의 문제 가운데 하나님의 능력을 받아들여 역사하시도록 하는 것입니다.

믿음 세미나에 참석한 한 사람이 찬양에 대한 공부 시간을 마친 후 나를 한쪽으로 불렀습니다. 그는 냅다 호통을 치는 것이었습니다. "이것 봐요. 나는 전에도 다른 곳에서 당신이 그렇게 가르치는 것을 들었어요. 그것은 심리 인공두뇌학에 불과한 거요. 간부급 사원들이 밤낮 배우는 것도 근본적으로 이 원리에서 나오는 기교들이 아니오?"

나는 그의 말을 막지 않을 수 없었습니다. "천만에요. 제가 전해 주는 것은 소위 '자신에 대한 적극적인 사고방식'을 가르치는 강좌들과는 엄격히 다릅니다. 그들은 능력이 사람 안에 있다고 가르치지만, 저는 그렇지 않습니다. 그 능력은 하나님 안에 있는 것이며, 찬양은 그 능력이 임하게 하는 역할을 합니다."

믿음에 대해 공부하던 반에서 한 부인은 자기 아들이 법에 저촉되는 어떤 문제를 일으켜 곤란한 지경에 처해 있다고 말했습니다. 그녀는 열심히 기도를 했지만 아무런 변화도 없었습니다. 그래서 그녀는 아들의 행동에 대해 하나님을 찬양하기 시작했습니다. 그러자 그 주에 아들 부부가 성경공부에 참석하고 그 다음 주에는 교회에도 나오게 되었습니다.

그녀의 경험은 연쇄 반응을 일으키게 되었습니다. 성경 공부 시간에 그 이야기를 들은 다른 부인이, 물론 자기도 그렇게 열심히 나가는 것은 아니나, 아이들이 교회에 영

나가질 않아 속이 상하긴 하지만 이 일에 대해 하나님께 감사하기로 적용했기 때문입니다. 다음 주가 되자 그 부인은 병원에 근무하는 딸이 그녀에게 알리지도 않고 밤 11시부터 아침 7시까지 하는 교대 근무를 마친 다음에는 꼭 교회에 나가기로 결심한 것을 알게 되었습니다.

이 부인의 동서 되는 사람도 자녀들 때문에 똑같은 걱정을 하고 있었는데, 그렇게 하나님께서 이루어 주신 이야기를 듣고 그녀도 자녀들이 현재는 교회에 나가지 않고 있지만 하나님께 감사하기 시작했습니다. 얼마 지나지 않아서 그녀는 덴버에 사는 딸로부터 온 전화를 받았는데 그들 부부가 교회에 나가려고 결심했을 뿐만 아니라 그룹 성경 공부를 하고 있다는 소식을 전해 왔습니다.

하나님의 역사는 그 능력이 우리 삶의 필요한 상황에 자유롭게 발휘될 때 일어나는데, 그 능력을 발휘시키는 것은 찬양입니다.

여호사밧과 이스라엘 백성들이 수많은 적의 공격을 받게 되었을 때 일어났던 일도 그러했습니다(역대하 20장). 그들은 하나님의 도움을 청했으며 하나님께서는 그들에게 싸울 것도 없이 그 전쟁에서 승리하리라는 확신을 주셨습니다. 그들은 단지 자기 위치를 지키며 하나님이 그들을 대신해 싸우시는 모습을 바라보기만 하면 되었습니다.

그들이 구태여 싸우러 나갈 필요가 없다는 것을 믿었기 때문에 여호사밧 왕은 노래하는 자들에게 명하여 군대 앞에서 행진하며 여호와 하나님을 찬양하게 했습니다. 도대체 군악대를 앞세우고 전장에 나간 군대 이야기를 들어 본 적이나 있습니까? 그것은 마치 상륙 작전을 감행할 때 해병대 대신 성가대를 보내는 것과 같습니다. 이런 전략을 취한다면 적진에서도 별 대항을 해오지 않을 것입니다.

그들이 찬양하자, 여호와 하나님께서는 복병을 두어 적을 치시므로 이스라엘은 칼 한번 휘두르지도 않았는데 적들은 궤멸되었습니다.

찬양이 그들이 처한 문제 가운데로 하나님의 능력이 임하게 하였던 것입니다.

찬양은 언제나 당신에게 하나님의 평화를 줍니다. 하나님의 평강이 우리 마음을 주장하게 할 수 있는 심오한 비결 중의 하나가, 당신도 익히 알고 있을 한 말씀 속에 들어 있습니다. 그것은 마치 대문 열쇠가 자물쇠 속에 숨겨져 있는 것과 같습니다. 어쩌면 당신은 그 구절을 암송하기까지 했을지도 모릅니다. 빌립보서 4:6-7 말씀입니다.

"아무것도 염려하지 말고"라고 바울은 말했습니다. 아무것도 근심하지 마십시오. 걱정하지 마십시오. 초조해하지 마십시오. "오직 (여기에 그 대안이 있습니다) 모든 일에 기도와 간구로, 너희 구할 것을 감사함으로 하나님께 아뢰라. 그리하면 모든 지각에 뛰어난 하나님의 평강이 그리스도 예수 안에서 너희 마음과 생각을 지키시리라."

혹시 이런 노래는 아는지요? "기도할 수 있는데 왜 근심하느냐?" 무슨 문제가 있어 이에 대해 기도하고 나서 염려를 떨쳐 버린 적이 있습니까? 하나님께서는 단지 도움을 구하는 것에서 더 나아가야 할 단계가 있다고 말씀하십니다. 그 단계는 **감사함으로** 기도하는 것입니다. 그의 도움을 구하되, 그가 도와주실 것에 대해 감사하십시오. 그러한 상황에 대해, 그리고 그러한 기회를 통해서 하나님의 역사를 바라볼 수 있는 것에 대해, 또한 그의 능력과 선하심을 보게 될 것에 대해 하나님께 감사하십시오. 하나님께서 당신이 당한 이런 문제를 통해, 스스로 영화롭게 하시고, 당신을 축복하시는 길로 삼으실 것을 감사하십시오.

그러면 하나님의 평강이 당신의 마음과 감정과 생각을 지키실 것이라고 바울은 말합니다. 하나님을 찬양하는 것은 그러한 상황 가운데, 하나님께서 그의 원하시는 것을 그의 정하신 때에 그의 방법대로 시행하시도록 맡긴다고 말씀드리는 것입니다. 이는 또한 선하시고 절대주권자이신 하나님의 손으로부터 당신에게 주어지는 환경들을 즐거이 받아들이는 모습을 보여 주는 것인데, 하나님께서는 그런 것들을 선으로만 바꿔 주십시오. 이것이 곧 자유케 하는 것입니다.

다니엘이 바벨론에 있을 때, 당시 바사 왕의 수하에 있던 방백들이 그를 시기하여 몰아낼 음모를 꾸몄습니다. 다니엘이 하루에 세 번씩 충성스럽게 하나님께 기도한다는 사실을 잘 알던 그들은 다리오 왕을 종용하여 왕에게만 기도해야 한다는 조서에 어인을 찍어 금령을 내리게 했습니다. 그들은 다니엘을 영원히 처치하고도 남을 만큼 엄한 형벌을 고안해 냈는데 금령을 어기는 자는 굶주린 사자 굴에

찬양은 변화를 가져다줍니다   193

던져 넣는다는 것이었습니다.

성경은 이렇게 기록하고 있습니다. "다니엘이 이 조서에 어인이 찍힌 것을 알고도 자기 집에 돌아가서는 그 방의 예루살렘으로 향하며 열린 창에서 전에 행하던 대로 하루 세 번씩 무릎을 꿇고 기도하며 그 하나님께 감사하였더라"(다니엘 6:10).

자기가 사자 굴에 던져질 것을 뻔히 알면서 하나님을 찬양했을 때, 다니엘은 감사하는 마음을 어느 정도나 느꼈을 것이라 생각됩니까? 그때의 감사는 그의 감정에서 나온 것이 아니라 전적으로 그의 의지에서 나왔을 것입니다. 그러나 그것이 문제가 되지는 않았습니다. 그에게 감사하는 감정이 샘솟듯 솟아나지는 않았어도 하나님께서는 그의 찬양의 행동을 귀히 여기셨고 그를 사자로부터 구하셨습니다. 아마도 그는 모든 지각에 뛰어난 하나님의 평강이 충만한 마음으로 사자 굴로 들어갔던 것 같습니다.

찬양은 하나님께서 당신이 처한 환경이나 상황을 바꾸시도록 하든지, 아니면 당신 자신을 바꾸시도록 해드립니다. 문제들 가운데서도 하나님을 찬양함으로써 이런 문제들을 즉각 해결받은 사람들의 경우는 얼마든지 많지만, 그렇다고 이 찬양이 하나님을 상대로 어떤 흥정을 벌이는 수단이 될 수 있다는 말은 아닙니다. 즉 이런 식의 말은 할 수 없다는 이야기입니다. "이 고약한 상황에서 빠져나오기 위해서 내게 찬양이 필요하다면, 나는 그렇게 하겠습니다." 찬양은 하나님을 교묘하게 조종하는 어떤 방식이 아니라 하나의 당연한 생활 방식이기 때문입니다. 찬양 자체가 당신에게 능력의 원천이 되는 것이 아닙니다. 하나님 자신만이 능력이십니다.

하나님께서 당신에게 역사하실 때는 언제나 두 가능성 중 한 가지를 택하십니다. 그는 죽은 자를 일으켜 주시든지, 죽음의 고통을 없애 주십니다. 때로 그는 만신창이가 된 몸을 고쳐 주시기도 하며, 혹은 고통 중에 있는 자에게 은혜를 몇 갑절로 불려 주시기도 합니다. 그는 당신 발 앞의 물을 가르시는 때도 있고, 그렇지 않으면 당신이 그 물을 통과할 때 동행하실 수도 있습니다. 어쨌든 당신이 하나님을 찬양할 때, 당신은 하나님께서 하나님의 완전하신 목적에 따라 역사하실 수 있도록 자유로움을 드리는 셈입니다.

캐롤의 경우에 하나님께서는 그 환경을 변화시키셨습니다. 캐롤은 콜로라도스프링스로 이사 올 때 편두통이 있었는데 어찌나 고통스러운지 누워 있어도 통증은 가시지 않았습니다. 통증의 빈도도 점점 잦아졌습니다.

그녀는 하나님을 찬양함으로써 능력을 힘입는다는 사실에 대해 듣고 매우 격려를 받았습니다. 그렇지만 두통에 대해 더군다나 극심한 통증으로 시달리는 그 순간 하나님을 찬양한다? 그러나 그녀는 일단 그렇게 하기로 결심하고 하나님의 선하심과 편두통을 허락하신 것에 대해 감사하기 시작했습니다.

어느 날 오후 그녀는 시야가 흐려지는 것을 느꼈습니다.

지금까지의 경험상 편두통이 시작되고 있다는 것을 알아 차리게 되었습니다. 그러나 그녀는 하나님께서 자기를 녹 초로 만드시는 것은 아닐까 하면서 절망에 빠지는 대신 그 두통에 대해서 하나님을 찬양하기 시작했습니다. 그랬 더니 정말 편두통은 생기지 않았습니다.

그 이후 그녀는 시야가 흐려질 때마다 하나님을 찬양하 기 시작했습니다. 점차 시야가 흐려지는 일도 없어지고 편 두통은 더 이상 문제가 되지 않게 되었습니다. 결국 그녀는 찬양으로 편두통을 쫓아 버렸던 것입니다.

사도 바울에게는 그의 믿음의 결과로 하나님께서 한 가 지 색다른 일을 이루어 주셨습니다. 바울은 그의 말대로 "육체에 가시"를 가지고 있었습니다. 우리는 그것이 무엇 이었는지 확실히는 알지 못합니다. 어쨌든 그는 하나님께 그것을 없애 달라고 세 번이나 구했지만, 하나님은 거절하 셨습니다. 그 대신 하나님께서는 바울을 통하여 하나님의 특별한 은혜와 능력을 나타내시려는 계획을 가지고 계셨 습니다. 그리하여 바울은 이렇게 응답했습니다. "이러므로 도리어 크게 기뻐함으로 나의 여러 약한 것들에 대하여 자랑하리니, 이는 그리스도의 능력으로 내게 머물게 하려 함이라"(고린도후서 12:9). 바울이 그의 "가시"에 대해 하 나님께 찬양을 드린 것은 캐롤이 그녀의 편두통에 대해 찬양을 드렸던 것과 매한가지였지만, 하나님께서는 바울 의 처한 환경을 바꿔 주시는 대신에 바울 자신을 바꿔 주셨 습니다.

욥의 경우엔 하나님께서 둘 다 이루어 주셨습니다. 자기의 모든 소와 나귀를 도둑맞았으며 모든 양이 하늘에서 내린 불로 타 없어져 버렸고 약대는 모두 약탈당했고, 게다가 자녀들이 모두 대풍으로 말미암아 죽었다는 소식을 듣고도, 그는 엎드려 하나님께 경배하며 그의 이름을 찬양했습니다. 그 결과 주님께서는 그를 인도하여 새로운 영적인 경험의 깊이를 더하게 하셨습니다. 그 일이 있은 후 하나님께서는 그에게 전에 잃었던 모든 것을 갚아 주셨는데 그것도 갑절로 주셨습니다.

  어떤 문제가 있어 하나님을 찬양할 때, 결과를 기대하는 마음으로 하십시오. 하나님께서는 당신의 처한 상황을 변화시켜 주시든지, 아니면 당신 자신을 변화시켜 주실 것입니다.

  때때로 찬양이 믿음에서 나오는 건지 아니면 믿음이 찬양에서 나오는 건지 분간하기 어렵습니다. 어느 쪽이든 당신이 이왕 믿음으로 살기로 결심하였으면 하나님을 찬양하는 습관을 기르도록 하십시오. 일이 꼬일 때조차도 말입니다. 그렇게 할 때 역사하시는 하나님을 당신의 삶에 맞아들임으로 그의 능력과 평화가 당신 삶의 여정에 충만케 되는 것을 발견하게 될 것입니다.

10
믿음의 길을 따라 순종하십시오

한 그리스도인이 미국 전역에 걸쳐서 연쇄점 방식으로 식당 경영을 시작했는데 그리스도인들만 고용한다는 방침을 세웠습니다. 그러나 얼마 못 가서 그는 그 방침을 포기했습니다. 이유인즉 고용된 그리스도인들이 일을 제대로 하지 않더라는 것이었습니다.

그는 마지막으로 이런 견해를 덧붙였습니다. "저는 도무지 이해할 수가 없어요. 그들은 아마도 구원을 거저 받는 것처럼 다른 것들도 모두 다 거저 받을 수 있을 것이라고 생각하나 봐요." 마땅히 그리스도께 헌신되어야 할 사람들의 생활 방식에 대한 평가치고는 썩 바람직스럽지 못하지 않습니까? 예수님이 자기를 따르는 무리들에게 "너희는 나를 불러 주여 주여 하면서도 어찌하여 나의 말하는 것을 행치 아니하느냐?"(누가복음 6:46)고 물으시며 책망하신 것도 바로 이런 태도를 염두에 두고 하신 말씀입니다. 불순종하는 그리스도인이란 말 자체가 모순입니다. 당신이 그리스도를 주님이시라 말하는 것과 당신의 삶의 태도는 일치되어야 합니다. 의(義)란 의로운 것을 행하는 것입니다.

사소한 일에서 거룩함

하나님의 사람이 유다로부터 여로보암 왕에게로 와서 하나님께서 왕의 악행을 인하여 심판하시리라는 메시지를 전했습니다. 이에 여로보암 왕이 그 하나님의 사람을 가리키며 그를 붙잡아 감옥에 넣으라고 명령하자 폈던 손이 말라 버렸습니다. 하나님의 능력이 분명히 이 선지자와 함께했던 것입니다.

그러나 한 가지 문제가 있었습니다. 그 하나님의 사람은 그곳에서는 떡도 먹지 말고 물도 마시지 말라는 여호와 하나님의 엄한 명령을 받고 있었습니다. 그는 왕이 이런 것들을 주겠다고 할 때는 단호한 말로 거절했습니다. 그런데 그가 돌아가는 길에 다른 한 선지자가 그를 멈춰 세우고는 그에게 이제 먹고 마셔도 괜찮다는 계시를 하나님께로부터 다시 받았노라고 말하며, 그 하나님의 사람을 자기 집으로 초대했습니다.

그 나중 선지자는 사실 나이가 좀 더 많았는데, 나이와 지혜는 서로 따라다닌다는 것이 일반적인 통념이 아니겠습니까? 애석하게도 그 하나님의 사람도 그렇게 생각했던 모양입니다. 그는 하나님께 묻지도 않고 그 선지자를 따라 갔습니다. 이번에는 그가 불순종했기 때문에, 하나님께서는 그를 사자에 붙여 찢게 하셨습니다.

사소한 일들은 우리에게는 별 문제가 안 될지 몰라도 하나님께는 큰 문제가 됩니다. 사도 바울은 이 점을 깨닫고 자신의 목표는 "하나님과 사람을 대하여 항상 양심에 거리낌이 없기를 힘쓰는 것"(사도행전 24:16)이라고 밝히고 있습니다.

나는 네브래스카에 살던 당시 하루는 집 근처의 공원에서 주님과 함께 교제하며 시간을 보내는 가운데 다가오는 수양회에 전할 메시지를 주시도록 주님께 구하고 있었습니다. 나는 계속 기도했지만, 응답이 없었습니다. 더 간절히 기도했지만 마찬가지였습니다.

집에 돌아오는 길에 나는 질문을 바꿔 이렇게 물었습니다. "주님, 주님께서 제가 전할 메시지를 보여 주시는데 주님과 저 사이에 어떤 거침이 되는 것이 있습니까?"

"그래, 러쓰, 그 두엄 말이야" 하고 주님께서 말씀하시는 것 같았습니다. "두엄요?" 나는 아무도 모르게 피식 웃고 "주님, 그게 아니라 지금 이 메시지 말인데요…" 하고 말을 돌렸습니다.

"아니야, 러쓰, 그 두엄에 관해서…." 사무실용 새 건물이 우리 집 근처에 신축되고 있었는데, 공사장 옆에 아주 양질의 검은 빛 두엄 더미가 큼직하게 쌓여 있었습니다.

나는 우리 화단에도 그런 종류의 좋은 두엄이 필요한 것을 알고 있었습니다. 어느 토요일 아침, 주위에는 한 사람도 보이지 않는데다 두엄 더미 근처에 외바퀴 손수레와 삽까지 놓여 있었습니다.

내가 물어 보지 않고 그냥 가져온다고 해서 뭐 기분 나빠 할 게 있을까? 나는 생각했습니다. 왜냐하면 지난주에 자기들이 와서 우리 수도에서 물을 끌어다 쓸 수 있겠느냐고 물으며 값은 지불하겠다고 해놓고 아직도 아무 소식이 없으니, 이것과 맞바꾸는 셈 치면 되겠지 뭐.

그래서 나는 외바퀴 수레에 두엄을 가득 실어다가 우리 화단에 뿌리고 누가 알아채기 전에 수레를 제자리에 갖다 두었습니다. 그러나 그 누구 중에 하나님만은 예외이셨습니다.

그리하여 그날 아침 기도 시간에 나는 그것이 사실은 도둑질이었다는 것을 시인하게 되었습니다. 나는 하나님의 용서를 구했습니다. 다음날에는 공사장 감독에게 찾아가 그의 두엄을 훔쳤다고 고백했습니다. 그렇게 하기가 그리 쉬운 일은 아니었지만, 나는 내 삶에 주시는 하나님의 축복을 한 수레의 두엄 뭉치와 바꿀 수는 없다는 것을 알고 있었습니다. 그 사람은 나의 말을 듣고 무슨 말을 해야 할지 얼떨떨한 모양이었습니다. 그제야 나의 양심은 깨끗케 되었고, 하나님께서는 필요한 메시지를 나에게 주셨습니다.

나는 한 모임에서 이때의 경험을 이야기했는데, 나중에

한 사람이 찾아와 이야기를 건넸습니다.

"러쓰 씨, 저와 아내는 지금 선교지로 갈 준비를 하고 있습니다. 그런데 제게도 한 수레분의 두엄 더미를 취한 적이 있습니다. 학생 시절에 저는 친구와 같이 고향에 있는 주점에 박차고 들어가 가게를 엉망으로 만들어 버렸습니다. 아무도 우리가 그렇게 한 줄은 몰랐으므로 벌금은 물지 않았습니다. 하나님께서는 제가 가서 그때 저지른 문제를 바로잡고 오길 원하시는 것 같습니다. 문제는 우리가 약 8,000불 상당의 손해를 끼친 것인데, 그 돈을 구할 수가 있어야지요."

그는 하나님께서 자기에게 그 사태를 바르게 해결하길 원하신다고 생각하고, 결과는 하나님께 맡길 수밖에 없다고 마음먹었습니다. 그는 상점 주인에게 찾아가 자기 죄를 자백하고 그걸 보상하겠다고 제안했습니다.

그 주인은 그처럼 놀라워할 수가 없었습니다. 그 젊은 선교사가 이야기를 마치자, 그는 이렇게 말하는 것이었습니다. "여보게, 그건 이미 8년 전의 일일세. 지난 일은 지난 일 아니겠나? 나는 다만 자네가 그 일을 속히 잊었으면 좋겠네."

"사람의 행위가 여호와를 기쁘시게 하면 그 사람의 원수라도 그로 더불어 화목하게 하시느니라"(잠언 16:7). 이 사람은 자기의 죄를 감추지 않고 하나님의 용서의 빛 가운데 드러냄으로써 하나님을 기쁘시게 하였습니다.

하나님은 결코 흐리멍덩한 분이 아니십니다. 당신이 섬

기는 하나님은 거룩하고 의로우십니다. 실로 하나님은 아나니아와 삽비라가 사실은 그렇지 않으면서 자기들 전 재산을 교회에 바쳤다고 주장했을 때 엄히 다루셨던 분이십니다. 그들은 거짓말을 했으며 그 때문에 죽었습니다. 구약성경에는 하나님께 불순종한 많은 사람들이 기록되어 있고, 또한 하나님께서 그들을 징벌하신 내용이 기록되어 있습니다. 하나님은 죄를 심각하게 다루십니다. 그는 자기 백성들을 거룩함에 이르도록 부르셨으며, 이에 대해서는 한 치의 양보도 없으십니다. 소위 우리가 문제라 칭하는 것을 하나님은 죄라 부르십니다. 당신이 계속 그것들을 문제 정도로만 여긴다면 하나님의 용서와 깨끗케 하심과 승리를 경험하지 못할 것입니다. 당신은 험담, 비난, 자만, 정욕적인 생각, 거짓말, 탐심 따위에 감연히 맞서며, 당신의 최선을 다하는 가운데, 그것들을 사실 그대로 죄로 시인해야 합니다. 당신이 이런 것들을 죄로 자백하기만 하면 용서해 주시리라고 약속하십니다.

하나님은 당신을 용서하신다

만약 성경에서 가장 빈번히 사용되는 구절을 가려내는 시험이라도 치른다면 아마도 요한이 적은 "만일 우리가 우리 죄를 자백하면 저는 미쁘시고 의로우사 우리 죄를 사하시며 모든 불의에서 우리를 깨끗케 하실 것이요"(요한일서 1:9)라고 한 구절이 뽑힐 것입니다. 당신의 죄를 자백함으로써 하나님께서 당신을 용서하시고 그 모든 일을 잊으신다는 것을 발견할 때, 당신은 놀라움을 금치 못하게 될 것입니다.

데일 카네기 강좌에서 만났던 한 사람이 어느 날 밤늦게 우리 집에 찾아와서는 이야기를 꺼내는 것이었습니다. "차 안에 친구가 있는데, 도움이 필요합니다. 당신이 좀 이야기 해 주시지 않겠습니까?"

그 친구는 참으로 도움을 필요로 하고 있다는 것을 곧 알 수 있었습니다. 그는 자신이 범했던 갖가지 죄로 말미암아 10톤은 족히 됨 직한 죄의식을 짊어지고 살아가고 있었던 것인데, 그야말로 모두 하나님께 자백하고 용서를 구해야 할 것들이었습니다. 그가 자백을 마치고 고개를 들었을 때 그의 얼굴에는 생기가 돌기 시작했습니다. "휴-! 뜨끈뜨끈한 물로 샤워를 한 것보다도 더 후련합니다."

참으로 놀라운 일입니다. 요한일서 1:9은 어쩌면 그리스도인의 생활에서 가장 놀라운 진리일지도 모릅니다. 어느 여대생 성경공부 그룹에서 요한복음 1장 공부를 하다, 율법은 모세로 말미암아 주신 것이고 은혜와 진리는 예수 그리스도로 말미암아 온 것이라는 대목에 이르게 되었을 때, 인도자가 이렇게 질문했습니다. "그렇다면 모세와 예수님은 어떤 차이가 있을까요?"

그룹 안에 침묵이 흐르다가 그중 가장 나이 어린 학생이 말했습니다. "모세는 우리가 어떤 삶을 살아야 하는지 알리려고 왔고, 예수님은 우리가 그렇게 살지 못하니까 용서

하려고 오신 것 같아요."

당신은 언젠가 당신의 죄에 대해서 며칠 동안 죄의식에 사로잡혀 괴로워함으로써(물론 죄가 좀 더 심각할 때는 더 괴로워하면서) 당신 자신을 스스로 징벌하려고 애쓰다가 결국엔 하나님의 용서를 구한 적이 있습니까?

당신이 하나님의 용서를 얻어 내려고 노력할 수는 있겠지만, 그것은 이미 예수님께서 십자가 위에서 죽으심으로 말미암아 다 해결된 문제입니다. 그러므로 당신이 하나님께서 이미 주신 용서를 믿음으로 받아들이지 않고 당신 스스로를 웬만큼 갖추어 그 용서에 합당한 자격을 스스로 얻고자 한다면, 당신은 그리스도의 죽으심의 공로를 부정하는 것입니다. 그렇다면 차라리 예수님께서 십자가 가까이에도 가시지 않았던 편이 나았을 것입니다.

시편 51편은 다윗이 밧세바를 범하고 그녀 남편을 죽게 한 다음 선지자 나단의 직언을 듣고 난 후에 자백한 기도입니다. 그의 일련의 범죄들은 끔찍한 것이었습니다. 그러나 다윗이 어떻게 말했는지 주의해 보십시오. 그는 자신의 죄를 자백하고 이렇게 말하고 있습니다. "하나님이여, 주의 인자를 좇아 나를 긍휼히 여기시며 주의 많은 자비를 좇아 내 죄과를 도말하소서"(시편 51:1). 다윗은, 스스로 자기 죄를 심히 뉘우쳤기 때문이라든가 또는 처음으로 범죄한 것이니 용서받을 것으로 기대했던 것이 아니라, 자기 죄를 자백하고는 하나님의 인자와 자비가 풍성하시기 때문에 용서받을 것으로 기대했던 것입니다. 하나님의 자비와 사랑에는 끝이 없으며, 이 말은 곧 그의 용서하심에도 당연히 끝이 없다는 것을 의미합니다.

이어 다윗은 하나님께 이렇게 말했습니다. "나를 씻기소서. 내가 눈보다 희리이다"(7절). 다윗은 하나님께서 자기를 용서하신 그때에 자신이 온전히 깨끗해지며, 마치 전혀 잘못을 범한 적이 없는 것처럼 정하게 된다고 생각했습니다. 간음과 살인 같은 죄를 범한 다음인데도 그럴 수 있단 말입니까? 물론입니다. 온전히 깨끗합니다. 얼마 지나서 그는 하나님께 고하기를, 자기가 하나님의 진리를 가르치는 데에 다시 쓰임받길 기대한다고 했습니다. "그러하면 내가 범죄자에게 주의 도를 가르치리니 죄인들이 주께 돌아오리이다"(13절).

빌은 정직과 관련된 한 가지 문제를 해결해야 했습니다. 열차가 이탈리아를 횡단하여 달리고 있을 때 어찌해야 할 바를 몰라 혼자 씨름하고 있었습니다. 그는 복음 증거를 위한 하기 선교 여행차 유럽에 온 것이었습니다. 그러나 그날 아침 이탈리아 여행을 하는 도중, 주님께서는 그가 거짓말로 때워 넘겼던 대학 시절의 장학금 문제를 생각나게 해주셨습니다.

빌은 대학 신입생 시절, 그가 다니던 교회로부터 장학금을 받았는데 그 조건은 졸업 후 교회 내에서 의무적으로 봉사해야 한다는 것이었습니다. 즉, 장학금 지급 규정에 수혜자는 최소 5년 이상 그 교회에서 봉사하여야 하며, 그렇게 하지 않은 경우에는 받은 액수를 반환해야 한다는 것이었습니다. 졸업 후 그는 교회에서 첫 해를 보낸 후 진로를 바꿔 그의 교회가 아니라 초교파적인 기독교 기관에서 일하기 시작했습니다. 그는 비록 자기가 약속한 그 교회에서 일하는 것은 아니지만 여전히 사람들 사이에서 봉사하고 있다는 것을 핑계로 자신을 합리화하면서 받은 장학금의 환불 문제를 교묘히 회피했습니다.

그러나 하나님께서는 그를 끝까지 추궁하셨습니다. 그리하여 그는 그날 아침에 주님께 고하기를, 자기가 곧 대학 당국자들을 찾아가 문제를 올바르게 해결하겠다고 했습니다. 그는 이렇게 기도했습니다. "그러나 주님께서 저를 위해 역사해 주셔야 되겠습니다. 주님께서 제가 현재도 빚을 지고 있는 줄을 아시지요. 이 빚에다 또 다른 부채를 더 짊어지고 싶지 않습니다."

열차가 베니스에 멎자 빌과 다른 한 학생은 시가지를 탐사하기 시작했습니다. 식당을 지나는데 몇몇 청년들이 영어로 이야기하는 것을 듣고 그들을 만나 복음을 전하려고 했습니다. 빌이 말을 걸었습니다. "혹시 미국에서 오셨습니까?"

그들은 미국인이었을 뿐만 아니라 바로 빌이 다녔던 대학의 학생들이었습니다. 너무도 기가 막힌 우연의 일치에 놀라며 빌은 그날 아침부터 자기가 그 대학의 학장님을 좀 만나 뵈어야겠다는 생각을 하고 있던 중이라고 말했습니다.

"멀리까지 안 가셔도 만날 수 있을 겁니다" 하고 한 학생이 대답했습니다. "그분이 바로 저 테이블에 앉아 계시거든요."

빌이 자초지종을 이야기하자 학장은 매우 감격이 되어 그 장학금 환불을 취소하기로 결정했습니다. 빌이 믿음으로써 자기의 죄 문제를 해결하려고 했을 때 그날로 하나님께서는 베니스에서 일련의 만남이 이루어지게 인도하셔서 그 문제를 깨끗이 해결해 주셨습니다.

당신이 하나님의 용서를 구할 때 그가 용서해 주시고 즉각 당신을 위해 역사하실 것을 기대할 수 있습니다. 비록 빌의 경우와 같은 방식으로 꼭 그렇게 말끔하게 처리되지는 않는다 해도 그 사실은 분명합니다. 어쩌면 당신도 이런 식으로 해결해야 할 빚이 있을지도 모릅니다.

하나님의 명령은 무거운 짐이 아니다

나는 하나님의 명령이 무거운 짐이 아니라는 진리를 공부하고 있던 일단의 대학생들에게 무거운 짐 하면 어떤 인상이 드느냐고 물어 보았습니다. 그들은 좌절, 피곤, 넌더리, 곤고함 등이 연상된다고 대답했습니다.

하나님의 명령들이 당신에게 그런 식으로 여겨지는 때가 혹시 있었습니까? 또는 하나님의 명령들이 당신의 생활방식을 속박하는 것처럼 생각되지는 않습니까? 물론 당신에게 선택권이 주어진다면 당신은 따르지 않는 쪽을 택할지도 모르지만, 먼저는 그 명령들에 순종해야 할 의무가 있습니다.

　우리는 하나님께서 배가(倍加)의 원리를 기초로 하여 역사하신다는 사실을 망각하기 때문에 때로 그런 식으로 느끼게 되는 것입니다. 밀 한 말을 땅에 뿌리면 꼭 한 말을 도로 거둔다고 말하는 농부는 세상에 없을 것입니다. 40말이든 50말이든 더 많은 양을 수확하게 되는 것입니다. 옥수수 한 말을 심으면 400내지 600말을 추수할 것입니다. 하나님께서는 당신에 대하여도 그와 같이 역사하십니다. 당신이 하나님께 예탁하는 순종의 행동 조목조목마다, 하나님께서는 몇 백 배 불린 축복으로 갚아 주십니다. 순종함으로 드려야 할 것이 무엇인지에 온통 마음이 쏠려 때로 당신이 돌려받은 것이 무엇인지는 보지 못하는 수가 있습니다. 하나님의 성품이 본래 그러하므로 당신이 돌려받은 것은 투자한 것보다 훨씬 더 많습니다.

　당신이 하나님께 순종함으로써 기대할 수 있는 결과들을 몇 가지만 들면, 풍성하고 깊은 주님과의 교제, 다른 그리스도인들과의 친밀한 관계, 효과적인 기도 생활, 많은 증거의 기회, 주님을 섬기는 수고의 열매, 그리고 참된 행복 등입니다.

　당신이 만약 하나님께서 아브라함에게 주신 명령들만 공부했다면, 그 명령들은 순종하기가 참으로 힘든 것이라는 결론에 다다를지도 모릅니다. 그러나 잠시만이라도 하나님의 명령에 대한 순종의 결과로 아브라함에게 주어진 약속에 관심을 집중시켜 보십시오.

아브라함이 하란에 있을 때 여호와께서 그에게 나타나사 지시할 땅으로 가라고 명령하신 후에 하나님께서는 그 결과로 아브라함이 큰 민족을 이루게 되리라고 말씀하셨습니다(창세기 12:2). 그가 순종하였을 때, 하나님께서는 다시 그에게 나타나사 그가 **열국**의 아비가 되리라고 말씀하셨습니다(창세기 17:4). 그 정도면 가족을 이끌고 이주한 것에 대한 보상으로 결코 미흡하다고 할 수 없습니다.

하나님께서 아브라함에게 아들 이삭을 번제로 바치라고 명하셨을 때는 얼마나 순종하기가 힘들었겠습니까? 하지만 그가 순종하자 하나님께서 다시 이렇게 말씀하셨습니다. "네가 이같이 행하여 네 아들 네 독자를 아끼지 아니하였은즉, 내가 네게 큰 복을 주고 네 씨로 크게 성하여 하늘의 별과 같고 바닷가의 모래와 같게 하리니 네 씨가 그 대적의 문을 얻으리라"(창세기 22:16-17).

아들의 생명까지도 바치고자 한 대가로, 하나님께서는 아브라함에게 아들을 그대로 돌려주셨고, 여기에다가 하늘의 별과 같이 무수히 많은 자손들을 더해 주셨습니다. 한 줌의 순종이 산더미 같은 축복을 받는 결과로 마무리 지어진 것입니다.

하나님께서는 당신의 유익과 아울러 하나님 자신의 유익을 위해 순종을 요구하십니다. 그는 당신이 순종할 때 풍성히 주길 원하시며, 당신의 삶은 불순종하는 그리스도인들로서는 도저히 경험할 수 없는 온갖 축복에 이르는 문을 들어서게 됩니다.

이런 찬송이 있습니다. "의지하고 순종하는 길은 예수 안에 즐겁고 복된 길이로다." 의지하고 순종하는 것 외에는, 예수님 안에서 즐겁고 복된 삶을 누릴 수 있는 다른 길은 없습니다. 당신은 믿음으로 순종의 길을 걸을 수 있으며 또한 순종함으로써 믿음에 이르는 길을 걸을 수가 있습니다.

11
당신이 쓰임받기를 원한다면 자원하십시오

하나님께 쓰임을 받는 몇몇 그리스도인들을 부러운 눈으로 바라본 적이 있습니까? 그들은 언제나 사람들을 그리스도께로 인도하며, 각자가 처한 곳에서 성경공부를 시작한다든지 전도를 위한 관심으로 사람들을 접촉하고 있으며, 이 사람 저 사람에게 그리스도를 증거했던 이야기들을 숱하게 간직하고 있는 듯한 사람들입니다.

이런 식으로 자문해 보진 않았습니까? "어떻게 하면 나도 그렇게 될 수 있을까? 나도 그처럼 많은 사람들에게 증거하고 싶은데 그렇지 못한 까닭이 뭘까? 도대체 비결이 뭐지? 하나님은 왜 그는 사용하시고 나는 사용치 않으실까?"

그건 믿음으로 됩니다. 당신이 하나님께 쓰임받기를 원

한다면, 하나님께서 쓰실 것을 믿고 자원하십시오!

캐나다에서 한 대학생이 바로 그렇게 하여 놀라운 결과를 얻게 되었습니다. 릭은 일본계 미국인으로서, 앨버타 주 내에 있는 몇몇 야영지들을 찾아다니며 여름 방학 중에 캠핑을 나온 캐나다 대학생들에게 복음을 전하던 우리 대학생 모임의 한 멤버였습니다. 우리가 복음을 증거하기 시작한 첫날, 릭은 캠프로 돌아와 네 명을 주님께 인도하였다고 보고했습니다. 이튿날은 두 명, 이렇게 해서 넷째 날까지 도합 12명을 그리스도께 인도했습니다.

나는 그를 불러 물어 보았습니다.

"릭, 이건 정말 굉장한 일인데, 비결이 뭐지?"

"러쓰 형제님, 저도 잘 모르겠는데요. 전에 제가 오리건 주에 있을 때는 이런 일이 없었거든요. 다만 제가 이번 여행을 떠나오기 전에 하나님께 제 자신을 온전히 맡긴다고 고하고, 사람들을 주님께 인도하는 일에 사용해 주시도록 구했을 뿐인데, 하나님께서 응답해 주신 것 같아요"라고 그는 대답했습니다.

우리 여행이 끝날 때쯤에는 40명이 릭을 통하여 주님을 알게 되었습니다.

어느 교회 수양회 기간 중에 나와 함께 이야기를 나눴던 한 부인의 경우도 릭과 마찬가지로 하나님께서는 참으로 믿음으로 자원하는 자를 들어 사용하신다는 사실을 실증해 주었습니다.

그녀는 이웃이 곤란을 당하고 있어 도움이 필요하다는

이야기를 들었습니다. 그 이웃 부인의 남편은 모종의 정신 질환으로 입원 중인데다, 아들이 방금 해군에 입대하고 없었기 때문에 힘들고 낙심이 되는 상황에 처해 있었습니다.

이웃댁에게 필요한 것은 그리스도를 알게 해주는 일이야 하고 그녀는 생각했습니다. 그러나 그녀는 그토록 복잡한 가운데 뛰어들기에 왠지 스스로 부족하다는 생각이 들었는데, 무슨 말을 어떻게 해주어야 할지를 확실히 몰랐기 때문입니다. 그래서 그녀는 자신이 그 이웃 사람을 주님께 인도하는 데 사용되고 싶다고 하나님께 고했습니다. 하나님께서는 그녀에게 기도에 관하여 무언가를 좀 준비해서 이웃 부인에게 나누어 주라고 넌지시 비춰 주셨습니다. 그 이웃의 필요는 복음이란 것이 분명했기 때문에, 이것이 대체 무슨 소용이 있을까 의아해하기도 했지만, 그녀는 순종했고, 드디어 이웃집으로 달려갔습니다.

그녀가 그 집 문간을 들어서자마자, 그 부인은 "아유, 와주셔서 정말 고마워요. 아시겠지만 우리 양반이 입원 중이고 아들마저 해군에 입대해서 아무도 없어요. 제게는 기도가 정말로 필요한데 도대체 어떻게 하는 건지 모르겠거든요"라고 말하는 것이었습니다.

그리하여 기도에 대해 생각해 두었던 몇 가지 아이디어 덕분에 그녀의 필요를 꼭 맞게 채워 줄 수 있었습니다.

이틀 후, 그녀가 다시 이웃집에 전화를 하자 대뜸 한다는 말이, "언제 다시 오시겠어요?" 하는 것이었습니다. 결국 그녀는 이웃 부인을 그리스도께 인도하게 되었습니다.

때때로 자원하는 한 사람이 하나님께 필요한 전부인 때도 있습니다.

이것이 그리 놀라운 개념인 것만도 아닌 것은 수천 년 전 이사야 선지자가 보여 준 바로 그와 같은 본이 성경에 명백하게 기록되어 있기 때문입니다. 하나님께서 물으셨습니다. "내가 누구를 보내며 누가 우리를 위하여 갈꼬?" 하나님께서는 그의 메시지를 이스라엘 백성들에게 전달할 대언자, 곧 선지자를 찾고 계셨습니다. 이 부르심을 듣고 이사야는 이렇게 응답했습니다. "내가 여기 있나이다. 나를 보내소서!"(이사야 6:8). 하나님께서는 그를 보내셨는데, 그는 징집된 것이 아니라 자원했던 것입니다. 하나님께는 그것으로 족했습니다.

미국 내 내셔널 풋볼 리그 우승팀의 한 선수와의 인터뷰에서, 그 팀이 우승을 거두게 된 원인이 어디에 있다고 생각하느냐는 기자의 질문에 그 선수는 이런 대답을 했습니다. "제 생각에는 그 원인이 능력에 있는 것 같지는 않습니다. 실로 모든 팀들이 다 실력이 뛰어납니다. 그렇지만 그중에는 승리에 대해 좀 더 집요한 열망이 있는 팀이 있는 것 같은데, 차이점은 바로 여기에 있다고 생각합니다."

하나님께서 쓰시는 그리스도인이면 필연적으로 다른 사람보다 뛰어난 능력을 가지고 있는 것은 아닙니다. 쓰임을 받느냐 받지 못하느냐 하는 것은 오히려 열망과 믿음에 달려 있습니다.

당신은 실제로 부족하다!

몇 년 전 대학가에서 크게 유행하던 유머가 하나 있습니다. 자기 아들이 열등감에 빠져서 고생하고 있다고 생각하여 그를 정신과 의사에게 데리고 간 한 부인에 관한 이야기입니다.

정밀 검사를 한 후, 정신과 의사가 그녀를 자기 방으로 불렀습니다. "아닙니다, 윌슨 부인. 댁의 아들은 열등감에 빠져 있는 것이 아닙니다. 그는 실제로 열등합니다"라고 의사가 말했다는 것입니다.

그러므로 당신이 다른 사람들을 도와 그리스도를 만나게 하거나 또는 그들을 그리스도인으로서 성장하도록 돕는 일에 부족하다고 느낀다면, 일단 마음을 놓으십시오. 당신은 실제로 부족하기 때문입니다.

우리가 사람들의 삶 가운데에서 일으키려고 하는 변화는 죽을 수밖에 없는 인간에게 영원한 생명을 주는 것과 관련된 것이므로 당신 자신이 그 일을 할 수 있다고 생각하는 것은 그 자체가 잘못입니다. 물론 우리는 다른 사람에게 복음을 들려주거나 우격다짐으로 성경공부나 기도를 하게 하고 교회에 데리고 갈 수는 있지만, 어느 누구도 그를 영적으로 거듭나게 해줄 수는 없습니다.

그러므로 당신이 장사 수완을 의지하면 장사 수완을 통해 얻는 것밖에 다른 것은 얻을 수 없습니다. 자신의 명철과 지혜를 의지하면 역시 지혜의 산물밖에 얻을 게 없습니다. 그러나 당신이 하나님을 의지하면 하나님만이 하실 수 있는 일을 해낼 수 있는데, 그 열매는 곧 영생에 이르는 변화를 받은 사람-회심자-들입니다. 이들은 삶의 방향이 완전히 바뀌어 전혀 새로운 방향으로 나아가는 삶을 사는 사람들입니다.

　하나님은 똑똑하고 재주가 많으며 음악적 재능이 뛰어나고 용모가 멋있고 지적인 인상을 풍기는 그리스도인을 찾아 사용하려 하시지 않습니다. 그가 요구하시는 요건들은 이런 것들이 아닙니다. 하나님은 그의 그릇으로 사용되길 자원하여 그의 방법대로 그의 일을 하고자 하며 그 결과에 대해서는 그를 의뢰하는 사람들을 찾고 계십니다. 그렇기 때문에 당신이 꼭 똑똑하거나, 머리가 명석하며, 진취적이어야 할 필요는 없습니다. 당신은 다만 하나님께 자신을 맡기고 그를 의지해야만 하는 것입니다.

　포트브랙 주둔 부대에 배속되어 있을 때의 일인데, 내가 만나던 몇몇 믿는 병사들과 함께 나는 증거에 대하여 큰 관심을 갖게 되었습니다. 우리는 참으로 사람들을 그리스도께 인도하길 원했습니다. 그래서 우리는 한 가지 계획을 생각해 냈습니다. 매주 토요일마다 우리 다섯은 차를 함께 타고 포트브랙과 거기서 가까운 페이어트빌 사이를 왔다갔다했습니다. 자연히 우리는, 그 길을 따라 걷다가 태워 달라고 하는 군인들을 발견할 수가 있었는데, 혼자 걸어가는 사람을 보면 차에 태워 마을까지 데려다 주면서 복음을 전하는 것이 우리 계획이었습니다. 그 다음에는 다시 차를 돌려 아까와는 반대 방향으로 가는 군인을 보면 역시 차에 태운 다음 복음을 전했습니다. 우리는 이 방법이 꽤나 효과적일 것이라고 생각했습니다. 왜냐하면 우리 다섯 명과 전도 대상자가 같이 있으므로 우리 중 하나가 확실하게 대답해 주지 못할 경우 다른 사람이 대답해 줄 수 있기 때문이었습니다.

우리는 이 모험적 전도를 통해서 한 사람도 그리스도께 인도하지 못했습니다. 물론 좋은 경험을 많이 하긴 했지만 한 사람도 주님께 인도하지는 못했습니다. 돌이켜 보건대, 그것은 우리가 하나님을 의지하기보다는 서로를 의지했고 우리 다섯 명 대 한 명이라는 계산만 의지했기 때문이 아닌가 생각됩니다. 우리는 그만한 능력이 있었는데, 아니 적어도 그렇게 생각했는데, 영원한 열매를 거두지는 못하였습니다.

우리는 스스로 얻어 낼 수 있는 것만 거둔 셈이었습니다.

그 후 몇 년이 지나서 나는 아내와 함께 유럽 여행 중에 열차를 타게 되었는데, 우리가 탄 칸에는 우리와 잘 아는 빌이라는 학생, 그리고 아테네 아카데미의 한 법학 교수가 함께 타고 있었습니다. 우리는 그 교수와 안면을 익혀 가면서 점점 영적인 문제들로 화제를 옮겼습니다.

서로의 이야기가 점점 깊어 감에 따라 그는 매우 감동이 되는 것 같았습니다. 그는 7개 국어를 구사했는데, 우리가 신약성경의 몇 구절을 이야기하자, 자기는 그것을 헬라어 원어로 읽어 본 적이 있다고 말했습니다. 우리 셋 중에는 그렇게 해본 사람이 없었습니다. 그는 세상 견문이 넓었고 책도 많이 읽은데다 확실히 지식이 뛰어났습니다.

마침내 빌이 우리 모두를 대변하듯 말했습니다. "제가 교수님의 지적인 배경과 폭넓은 견문을 듣고 나니 그만 열등감이 생깁니다."

그가 재빨리 말을 받았습니다. "너무 그러지 마세요. 사실은 제가 여러분의 믿음에 손들었소이다."

당신이 다른 사람들에게 영향을 주고자 할 때 하나님을 의지하면, 설사 지적인 면에서는 지더라도 싸움 자체는 여전히 이길 수 있습니다.

하나님의 말씀에는 당신이 약할 때 곧 강하다고 기록되어 있습니다.

우리 교회에서는 아침 예배 시간에 교우들이 각자 어떻게 그리스도를 만나게 되었는지 간증하는 시간을 갖고 있었습니다. 나는 간증할 사람의 순서를 결정하는 책임을 맡고 있었는데, 아직 미혼인 한 자매가 간증할 차례가 되었습니다. 처음에 그녀는 남 앞에 나가 담대하게 이야기할 수 있을 것으로 생각되지 않았고, 물어 보기라도 한다면 망설여진다는 대답이 곧 나올 것 같았습니다.

그녀가 일어서서 간증을 할 때 성령께서 역사하셨던 것이 분명합니다. 그날 간증 중에서 그녀의 간증이 유일하게 나중에 사람들의 관심을 끌게 되었습니다.

한 젊은 사람이 그녀에게 다가와 말했습니다. "간증 잘 들었습니다. 그런데 이야기를 들으면서, 꼭 제 이야기를 하고 있는 듯한 생각이 들었습니다. 아까 이야기 중에 당신은 그리스도를 영접하는 방법이 적힌 소책자를 받으셨다고 그랬는데 저도 꼭 그와 같은 시점에 와 있는 듯한 생각이 듭니다. 저도 이제 그리스도를 영접하고 싶은데 그런 소책자를 하나 구할 수 있겠습니까?"

그날 그 청년을 교회에 데리고 왔던 부부는 둘 다 깜짝 놀랄 수밖에 없었습니다. 그들은 비록 그를 데리고 나오기는 했지만 별로 큰 도움이 되리라고는 생각지도 않았었기 때문입니다.

간증을 나눈 자매는 나중에 이렇게 설명했습니다. "저는 다만 주님께서 저를 사용해 주시길 구했을 뿐인데, 실제로 그렇게 해주신 것 같아요." 그러므로 당신이 다른 사람들을 영적으로 도울 능력이 부족하다고 느낄 때, 그것 때문에 자원하여 나서는 일을 포기하지는 마십시오. 어쨌든 당신은 그처럼 능력이 부족한데 하나님께서 역사하신다면, 누가 영광을 받겠습니까? 그러므로 당신 자신이 부족한 것에 대해 하나님을 찬양하고, 당신의 손을 번쩍 들어 자원하십시오.

도구는 하나님이 공급하신다

하나님은 온 세상으로 나아가 복음을 전하라고 하시고는 빈손으로 내보내시지 않습니다. 이미 살펴본 바와 같이 우리의 인간적인 자원들로는 초자연적인 일을 도저히 감당할 수 없습니다. 따라서 그 일을 수행할 자원들을 하나님께서 공급해 주시지 않는 한 당신은 빈털터리일 수밖에 없습니다.

하나님께서는 당신에게 성경과 성령으로 무장시켜 주셨는데, 이 둘은 함께 단짝이 되어 우리에게 영적인 승리를 안겨다 줍니다.

방망이로 머리를 치면 별이 반짝입니다. 불에 손을 대면, 데거나 타게 마련입니다. 성경은 하나님의 말씀을 이렇게 부르고 있습니다 — 불, 방망이, 날카롭고 예리한 검 등. 이런 도구들을 사용하면 반드시 어떤 결과가 생깁니다. 하나님께서는 그의 말씀에 대해 이렇게 선언하셨습니다. "내 입에서 나가는 말도 헛되이 내게로 돌아오지 아니하고 나의 뜻을 이루며 나의 명하여 보낸 일에 형통하리라"(이사야 55:11).

오클라호마 대학교의 테니스 선수였던 존이란 청년이 한번은 그의 친구로부터 "네가 거듭나야 하리라"(요한복음 3:7)는 성경 구절을 중심 내용으로 하는 이야기를 듣게 되었습니다. 존은 친구와 함께 그 구절을 놓고 토론하다가 목사님에게 찾아가 그 말의 의미에 대해 또 이야기해 보았지만, 말 자체가 그에게는 생소했고 통 이해가 되지 않았습니다.

며칠 후 그는 한 중대한 테니스 경기가 있어 준비하고 있었는데 탈의실 보관함 앞에서 옷을 갈아입다 보니 사방에 "네가 거듭나야 하리라" 하는 말만 보였습니다. 좀 두려운 생각이 들어 그는 서둘러 옷을 갈아입고 코트로 나갔습니다.

경기가 시작되어, 경기 도중 어느 게임에선가 상대 선수가 네트 너머로 느리고 높은 로빙 볼을 띄워 보냈습니다.

존은 당시를 이렇게 회상했습니다. "제가 공을 주시하며 위를 쳐다보았는데, 하늘에 공은 안 보이고 '네가 거듭나야 하리라'라는 글자만 보였습니다. 그래서 공을 아주 놓쳐 버렸나 싶었는데 제 머리 위로 떨어지는 게 아니겠어요?

"곧 코치가 코트로 나와 괜찮으냐 물었는데, 그는 아마 햇빛 때문에 실수했거니 하고 생각하는 것 같았습니다. 저는 그에게 사실대로 말하지는 못했고, 다만 그때 거기서 이 '거듭나야 한다'는 말이 무엇인지 목사님께 다시 한 번 찾아가서 알아 봐야겠다고 결심했습니다. 그 말씀의 진리가 저를 온통 사로잡아서 피할 수가 없었던 것 같습니다."

복음에 관한 어떤 지적인 토론이나 철학적 논쟁이 그처럼 존의 생각 속에 깊이 박히지는 못했을 것입니다. 어느 곳에도 하나님께서 우리의 논리 전개 능력에 대해 축복해 주신다는 약속은 없으며, 다만 그의 말씀이 사용되는 곳에 "큰" 능력을 베푸시겠다고 약속하고 계십니다.

한번은 그리스도를 증거하려고 한 친구와 함께 링컨 공군 기지를 찾았을 때 그 전번 방문 때 만나 이야기를 나누었던 불신자에게 다시 찾아가 보려고 마음먹게 되었습니다. 내가 그렇게 결심하게 되었던 이유는 한 주 전에 그 사람과 헤어질 때 내 친구가 "잠깐, 말씀 한 구절만 드리고 갈 테니까 한번 생각해 보십시오" 하고 복음의 한 구절을 인용하여 건네주었기 때문이었습니다.

우리가 다시 그 공군 병사를 만나게 되었을 때 그가 먼저 반기며 뛰어왔습니다. "나는 당신들이 다시 오길 기다리던 중이었습니다. 제게 전해 준 그 구절이 자꾸 머릿속에 떠올라 괴로울 지경입니다."

누구의 말이 그의 머릿속에 집요하게 남아 있었는가 주의해 보십시오. 다름 아닌 하나님의 말씀이었습니다. 그의 말씀이 사용되는 곳에 하나님은 사람들을 축복하시고 마음을 움직이십니다. 그러므로 말씀의 파종자가 되십시오. 말씀이야말로 사람들이 주님을 발견하고 그 안에서 성장하도록 돕는 일에 사용할 수 있도록 하나님께서 당신에게 주신 가장 효과적인 도구 중에 하나이기 때문입니다. 방망이로 머리를 맞고도, 무감각할 수는 없기 때문입니다.

당신이 밖에서 일할 때 성령께서는 안에서 일하십니다. 당신의 자원으로는 성경이 있고 또한 동반자이신 성령이 계십니다. 이 둘이 있으면, 필요한 모든 기계 설비와 세계 굴지의 석유 회사의 재정 지원을 받으며 공장 경영을 시작하는 것과 같습니다.

당신의 동반자로서 성령께서 함께하시면, 초자연적인 일을 감당할 초자연적인 능력을 얻은 셈입니다. 그는 사람들 안에서 역사하사 죄에 대해 깨닫게 하시고 그들의 마음을 부드럽게 만드시며 진리가 무엇인지 보여 주시고 하나님의 일에 대한 동기력을 부여해 주십니다. 그는 당신 안에서 역사하시면서 당신을 인도하시고 무슨 말을 해야 할지 가르쳐 주시며 당신이 몸소 행하는 일들을 통하여 하나님 자신의 선한 목적을 성취하십니다.

예수님께서 그의 양들을 내보낼 때 선한 목자로서 그들 앞서 가신다는 것도 바로 이런 의미였습니다. 예수님께서 그 일을 어떻게 수행하시는가는 성령의 사역에 나타나 있습니다.

베키는 하나님의 일이 성령과 함께할 때 참으로 수월하게 이루어진다는 사실을 알게 되었습니다. 베키는 그리스도인이 된 후 완전히 변화되었습니다. 자신의 새로운 삶이 너무나 엄청난 것이어서 그녀는 모든 친구들에게 그리스도를 소개하고자 하는 관심을 갖게 되었습니다. 그리하여 그녀는 쌍권총이라도 찬 듯 잔뜩 벼르는 마음으로 그들을 만나 보았지만 꼭 바라던 대로 되지는 않았습니다.

그러다가 어느 주말 그녀는 집에 돌아오는 길에 이렇게 기도했습니다.

"하나님, 제가 이번 주말에 캐롤을 만나려고 하는 것을 아시리라 믿습니다. 참으로 캐롤이 주님을 알게 되면 좋겠습니다. 그러나 이제 이 일을 주님께 맡기니 주님의 방법대로 주님께서 역사하시길 원합니다."

하나님께서는 그녀가 캐롤에게 증거하기 위해 굳이 애쓸 필요가 없다는 사실을 넌지시 가르쳐 주셨습니다. 그 대신, 그녀는 마음을 편히 갖고 다만 친근하게 대하는 가운데 하나님께서 어떻게 역사하시나 바라보기만 하면 되었습니다.

둘이서 만났을 때, 그녀는 그리스도와의 새로운 관계에 대한 이야기는 꺼내지 않았습니다.

그런데 결국에는 캐롤이 더 이상 못 견디겠다는 듯이 불쑥 이렇게 말했습니다. "이제 네가 알게 된 그 하나님 이야기 좀 해봐. 사람마다 하는 말이 네가 나를 만나기만 하면 억지로라도 그 얘기를 내 목구멍 속으로 밀어넣으려 할 거라고 그러던데. 난 버틸 만한 준비가 되어 있어. 그런데 네가 이야기를 꺼내 놓지도 않으니, 사실 난 그 이야기가 좀 듣고 싶어지는데." 그리하여 베키는 그녀에게 놀랍게 복음을 전하는 시간을 갖게 되었습니다.

성령과 함께 일함에 있어서 한 가지 명심해야 할 것은, 그가 어떻게 역사하실 것인지 예측하려 하지 말고 다만 역사하시길 기대하라는 점입니다.

성령께서 어디에서는 역사하시고 어디에서는 역사하시지 않는지 당신이 알 수 있다고 생각하기가 쉬운데, 이것 또한 잘못되기 쉬운 것입니다.

나는 몇 년 전 중서부의 조그만 대학의 여학생 기숙사에서 있었던 전도 집회에서 말씀을 전하고 있었는데, 주제는 "종교-시간을 들일 만한가?"였습니다. 모임이 끝난 후 나는 소그룹으로 모인 대학생들과 만나 그들의 생각을 듣는 시간을 가졌습니다. 그들과 대화를 나누던 중에 내가 받았던 인상으로는 그들 중 복음에 큰 관심을 가지고 있는 듯한 사람이 세 명 정도 있는 것 같았습니다. 그래서 이렇게 말했습니다. "여기 계신 분 중에 그리스도의 초청에 응하실 생각이 있는 사람이 몇 분 있는 것 같습니다. 실례지만 모두 머리를 숙여 주시고, 원하시는 분이면 누구나 지금 그리스도를 여러분의 삶에 모셔 들이는 기도를 하시기 바랍니다." 그리하여 모두 머리를 숙인 가운데 내가 기도를 인도했습니다.

모두 고개를 든 후 나는 거기 있는 사람들을 죽 돌아보기 시작했습니다. 첫 번째 여학생에게 기도했느냐고 물었는데, 별 소용 없을 것 같아서 하지 않았다고 대답했습니다. 그 옆에 앉아 있던 학생은 몇 년 전에 그리스도를 영접했다고 했습니다. 그리고 내가 보기에 아까 매우 흥미를 가진 것처럼 보이던 두 학생들도 하나같이 기도하지 않았고 하고 싶지도 않다고 대답했습니다. 그 옆에 앉아 있던 좀 어려 보이는 학생은 구원이 그렇게 쉬울 리가 없을 것 같다고 했습니다. 이렇게 내가 그때 모인 사람들을 나름대로 평가했던 것은 모두 빗나갔습니다. 나에게는 그토록 열망과 흥미가 있어 보이던 사람들이 전혀 그렇지 않았던 것입니다.

그러나 성령께서는 여전히 역사하셨습니다. 물론 내가 기대했던 대로 역사하셨던 것은 아니었습니다.

나는 마지막 남은 두 사람을 바라보긴 했지만 기대되는 바가 없어 내심 고개를 가로저었습니다. 그 두 사람은 히피족임에 틀림없어 보였으며, 한 사람은 머리카락에 가려 얼굴도 보이지 않을 정도였습니다. 그러나 한 사람 한 사람씩

물어 본 결과, 나는 겸손히 그 둘을 결신자 명단 속에 넣지 않을 수 없었습니다.

모린이 올려다보며 말했습니다. "저는 항상 하나님께 가려면 우리가 하늘 높이 좇아 올라가야 할 거라고 생각했었습니다." 이렇게 말하고 그녀는 손으로 위를 가리켰습니다. "그러나 오늘 저녁 당신이 전해 주는 말씀을 들으니, 그와 정반대인 것을 알았습니다. 하나님께서 저를 위해 내려오신다는 사실이죠. 그 사실을 깨닫자 제 안에 뭔가 변화가 일어났습니다."

나는 이어 그녀의 남자 친구인 코트를 바라보았는데 그도 나를 올려다보며 눈까지 흘러내린 머리를 치켜 올리며 나직이 말했습니다.

"예, 저도 기도했습니다."

그로부터 약 반 시간가량 지나 마지막 문단속을 하는데 모린과 코트가 다시 왔습니다.

"저희는 사실 오늘 하루 종일 캠퍼스를 돌아다니면서 사람들을 만날 때마다, '오늘 저녁 예수쟁이들이 모임을 가진대요' 하고 떠벌렸었습니다. 저희가 온 것은 저희를 다만 인내로 받아 주신 것에 대해 감사드리고 싶었기 때문입니다."

때로 성령께서 역사하실 때, 상당한 시간이 지난 뒤에 결과를 보기도 합니다.

내가 켄트 주립대학교에서 말씀을 전할 때 한 사람이 다가와서 내 손을 부여잡고 흔들었습니다. 어딘지 모르게 낯익은 얼굴이었지만, 정확하게 기억나지는 않았습니다.

그는 선뜻 자기를 소개했습니다. "러쓰 씨, 저는 데이브 존슨이라고 합니다. 지금은 흔히들 존슨 박사라고 한답니다. 우린 오래 전에 아칸소 주의 포트채피에서 함께 훈련받을 때 만났지요. 그때 당신이 제게 복음을 소개해 주었지요." 그는 내가 약 17년 전에 전해 준 내용을 하나하나 더듬으며 이야기했습니다.

"그 당시 저는 복음에 대해 별 관심이 없었습니다. 하지만 당신이 제게 들려 준 말은 그 후로도 저를 떠나지 않았고, 그러다가 바로 1년 반 전에 저는 주님을 만나게 되었습니다."

그러므로 상당한 시간이 지나도록 결과가 눈에 보이지 않더라도, 성령께서는 계속 역사하고 계시며, 당신이 전혀 예상치 못하는 방법으로도 역사하십니다.

성경과 성령의 역사, 이는 당신이 다른 사람들에게 나아갈 때 당신을 도와주는 하나님의 자원, 곧 초과연적인 일을 행하는 초자연적인 도구입니다.

현재 있는 곳에서 시작할 것

하나님께서는 당신이 믿음으로 선뜻 나서서 그의 자원을 사용하기를 원하십니다. 그 다음 단계는 현재 당신이 처한 곳에서 당신이 가진 것으로 시작하여 당신이 할 수 있는 일을 하고, 하나님께서 그것을 배가시켜 주시는 것을 바라보는 것입니다.

한 사업가가 댈러스 공항에서 45분의 여유가 있을 때 바로 그와 같은 일을 했습니다. 그 정도 시간으로는 불충분하다는 것을 알고 있었지만, 그의 주된 관심사는 하나님께서 자기 삶을 통해서도 역사하시는 것을 바라보는 데 있었으므로, 그는 당시 주머니 속에 지니고 다니던 전도용 소책자들을 가지고 시작했습니다.

그는 자기 명함을 각 전도 소책자에 끼워 공항에 돌아다니면서 사람들에게 나눠 주고 그때마다 이렇게 말하곤 했습니다. "이것은 그리스도와의 관계를 통해 우리 삶이 어떻게 변화되는지를 설명해 주고 있습니다. 저는 바로 그것을 경험했는데, 제 삶은 참으로 변화되었습니다. 이제 저는 그 점에 대해 이야기를 함께 나누고 싶은데 제가 저쪽에 앉아 있을 테니까 오셔서 좀 더 긴 얘기를 나눌 수 있기를 바랍니다."

전도 소책자를 모두 나눠 주고 자리로 돌아와 앉았는데 비행기가 이륙할 즈음엔 그와 함께 주님에 대하여 이야기를 나누고자 모인 사람들이 줄을 설 정도였습니다. 몇 주일 후 그는 공항에서 만났던 사람들로부터 몇 통의 편지를 받았는데 모두 예수님에 대해 알기 원한다는 내용의 편지였습니다.

그것은 극히 간단한 계획이었지만 그로서는 자신이 가진 것을 사용하였고 하나님께서 그의 믿음에 응답하시고 그의 노력을 몇 갑절로 갚아 주시길 기대했던 것입니다.

또 일전에 만난 한 노부부도 그처럼 하나님께서 사용하시는 것을 경험했습니다. 자녀들이 이제 다 장성했기 때문에 그들은 전적으로 주님을 섬기는 일에 드려지는 것을 최대 소망으로 삼았습니다. 그리하여 그들은 2년 동안 기도하면서 하나님께서 기회의 문을 열어 주시도록 간구했습니다.

2년 동안 기도한 후 그들은 다같이 이렇게 결심을 굳히게 되었습니다. "하나님께서 우리를 사용하셔서 그리스도의 사역을 담당케 하시리라 믿는다면, 지금 당장 시작하는 게 옳지 않겠소?" 그리하여 그들은 매주 주일 오후면 밖으로 나가 이웃들에게 전도하기 시작했습니다.

그들이 주일 오후 시간에 전도를 하기 시작한 지 1개월 가량 되었을 때 한 기독교 기관의 지도자로부터 전화가 왔습니다. 그 기관의 전임 간사진에 들어와 일해 달라고 초청하는 내용의 전화였습니다.

그들은 자신들이 처한 그곳에서 시작하여 믿음으로 할 수 있는 일을 했고, 하나님께서는 그 노력을 갑절로 갚아 주셨습니다.

당신도 참으로 다른 사람들을 그리스도께 인도하는 일에서 하나님께 쓰임받기를 원하는 사람 중 하나일진대, 어떻게 해야 그 일이 가능하겠습니까?' 지식이나 다른 능력이 아니라, 믿음으로 됩니다. 당신의 자원이신 하나님을 바라보고, 발걸음을 내딛으며 무언가를 시도함으로써 믿음의 예탁을 하고, 다음에는 하나님께서 당신의 노력을 갑절로 보상하실 것을 믿으십시오. 하나님은 자신들을 사용해 주실 줄로 믿고 자원하는 이들을 적극 환영하십니다.

12
산이 움직이지 않을 때 믿음을 지키십시오

때로 당신이 믿음으로 발걸음을 내딛고 하나님을 계속 믿는데도, 산이 움직이지 않는 수가 있습니다.

어느 날 척 씨어즈가 전화를 걸어 왔는데 좀 낙심한 듯한 목소리였습니다.

"러쓰, 난 이해할 수가 없단 말이야. 잠시 동안은 내게 일이 아주 잘 되어 나갔거든. 그 믿음 공부 반에서 배운 후, 나는 얼마간의 금액을 헌금하여 믿음의 예탁으로 삼았는데 하나님께서는 이내 갚아 주셨지. 다시 드렸는데 그때도 도로 주셨던 걸세. 그러나 이번에 예탁하여 맡긴 것에 대해서는, 아무것도, 참말이지 눈 씻고 봐도, 아무 일도 일어난 게 없어. 그럼 이런 일은 특별한 때만 일어나는 건가? 뭐가 잘못된 것이지?"

척은 아마도 모세가 애굽으로부터 인도하여 낼 당시의 이스라엘 백성들과도 같은 느낌이 든 모양이었습니다. 그들은 믿음으로 발을 내디뎠지만, 광야 가운데 처하였었습니다.

그러면 어떻게 이런 영적 "광야"가 성경의 약속과 부합될 수 있겠습니까?

시편 기자는 이렇게 말했습니다. "여호와께서 은혜와 영화를 주시며, 정직히 행하는 자에게 좋은 것을 아끼지 아니하실 것임이니이다"(시편 84:11).

당신이 하나님을 의뢰하고 있는데도 하나님께서 후히 주시는 손길을 억제하시겠습니까? 그런데 막상 하나님께서 그렇게 하시는 것처럼 여겨질 때는 어떻게 합니까? 당신이 아직 자격이 없다는 결론을 내리고 하나님의 역사를 기대하는 마음을 그만 포기해 버리겠습니까?

결코 그럴 수 없습니다. 예수님께서 약속하시지 않았습니까? "너희가 기도할 때에 무엇이든지 믿고 구하는 것은 다 받으리라…"(마태복음 21:22). 말씀하신 그대로입니다.

그러므로 당신이 하나님을 믿고 있다면, 당신이 구한 것은 무엇이든지, 즉 그것이 필요한 것이든 관심을 갖고 있는 것이든 혹은 갈망하는 것이든, 이미 당신의 것입니다. 그것은 하나님이 본디 사랑이시고 또한 선하시기 때문에 기대할 수 있는 것입니다. 내가 알고 있는 한 소녀는 그것을 다음과 같이 요약해서 말했습니다. "주시는 분이 가져다주신다."

하나님께서 그의 약속대로 이행하고 계시지 않는 것처럼 보인다고 해서, 당신에게 좋은 것을 주시지 않으려 하신다고 지레짐작해서는 안 됩니다. 그는 결코 주는 손길을 거두지 않으십니다. 다만 때때로 그 축복을 안겨 주는 시기를 연기하시는 경우가 있는데, 이는 그렇게 함으로써 결국 당신에게 더 큰 유익을 주실 수 있을 때 그렇습니다.

이스라엘 민족의 광야 생활 40년을 보시는 하나님의 관점이 어떤 것인지 잘 설명해 주고 있는 부분이 구약성경 중에 있습니다. 하나님께서는 여기서 왜 그들에게 약속의 땅을 주시길 연기하셨는지 그 이유를 명확하게 설명하고 계시는데, 이러한 하나님의 전망은 앞에 가로막힌 산이 움직이지 않을 때조차도 당신이 믿음을 지키는 데 필요한 소망과 이해력을 더해 줄 것입니다.

하나님은 당신을 그의 원하시는 사람으로 만드신다

"네 하나님 여호와께서 이 사십 년 동안에 너로 광야의 길을 걷게 하신 것을 기억하라. 이는 너를 낮추시며 너를 시험하사 네 마음이 어떠한지 그 명령을 지키는지 아니 지키는지 알려 하심이라"(신명기 8:2).

이 광야에서 하나님께서는 상하고 찌든 한 떼의 노예들을 정복 민족으로 바꿔 주셨습니다. 그러나 하나님께서는 그 일을 아침 5시에 일어나 체조를 하게 하거나, 활 쏘는 훈련을 시켜 이루지 않고, 그들 성품을 다시 가꾸고 내면을 변화시킴으로써 이루셨습니다. 광야에서의 갖가지 시험을 통하여 그들은 하나님께서 쓰시고 축복하실 수 있는 민족으로 변화되었습니다.

야고보는 이렇게 설명합니다. "구하여도 받지 못함은 정욕으로 쓰려고 잘못 구함이니라"(야고보서 4:3).

아내와 나는 처음 결혼 생활을 시작했을 때, 한 달에 75불을 헌금하기로 작정하여 주님 일에 사용되도록 했습니다. 당시 우리는 한 기독교 기관에서 일하고 있었는데, 헌금을 시작한 지 한 달 반이 지나서 사무실로부터 온 편지를 받았습니다.

내용인즉 우리에게 지급하는 보수 제도를 변경하여, 매달 88불을 지급하되 대신 숙식을 제공한다는 것이었습니다. 우리 수입이 88불인데 75불을 헌금하고 나면 겨우 13불을 가지고 한 달을 살아야 한다는 계산이 금방 나왔습니다. 아무리 신혼 생활이지만, 사랑만 가지고 산다 해도 한 달에 13불은 무리인 것이 뻔했습니다.

우리는 결정을 내려야 했습니다. 우리 헌금을 삭감할 것인가, 아니면 계속 밀고 나가는 가운데 하나님께서 우리 필요들을 채워 주실 것을 믿을 것인가? 우리는 기도하고 난 후 하나님께서는 우리가 헌금을 그대로 계속하고 필요한 것은 하나님이 공급해 주실 것으로 믿길 원하신다고 생각되었습니다. 그리하여 우리는 하나님께서 참으로 기적적인 방법으로 그렇게 해주신 것을 경험하였는데, 사실 우리가 알지도 못하는 사람들로부터 생활비 보조를 받게 된 것이었습니다.
 그래서 우리는 이듬해에 헌금을 매월 100불로 믿음 가운데 올렸습니다. 그 다음 해에는 매월 150불, 또 다음 해에는 200불, 한 해가 더 지난 뒤부터는 300불을 매월 헌금했습니다.
 결혼 생활을 한 지 6년째에는 매월 325불을 헌금하게 되었는데, 이는 당시 우리 수입의 꼭 절반이었습니다.
 그러다가 그 6년째 되는 해가 지나면서 하나님께서는 주시는 손길을 거두셨습니다.
 우리는 또 전에 하던 것처럼 헌금하고 기도했지만 돈은 들어오지 않았습니다. 급기야는 빚을 지게 되었는데, 어느 달에는 자동차 대금을 지불하지 못해 은행에 편지를 쓰고 돈이 없다는 사실을 이야기해야만 했던 일이 생각납니다.
 이 상태는 6개월간 계속되었는데, 정말 어떻게 해야 좋을지 알 수가 없었습니다. 우리는 여전히 믿음으로 살고 있었고, 드리는 자에게 주신 하나님의 모든 약속들을 간직하고 있었지만, 하나님께서는 꼭 말씀하신 그대로 시행하시지는 않는 것이었습니다.
 얼마간의 시간이 또 흘러서, 마침내 하나님께서는 왜 그동안 축복의 손길을 거두셨었는지 밝히 보여 주셨는데, 알고 보니 그동안에는 우리가 도무지 하나님의 음성을 들으려 하지 않았기 때문에 하나님께서 우리들에게 말씀하시는 데 어려움이 있었던 것입니다. 이는 하나님께서 우리의 믿음에 보상해 주시던 이 몇 년 동안에 이렇게 많은 양을 헌금할 수 있었던 것으로 인하여 내 마음 가운데에는 은근한 교만이 싹트고 있었기 때문이었습니다.

　그러므로 우리를 정결케 하기 위해, 하나님께서는 참으로 우리가 영적 교만을 꺾는 발걸음을 스스로 내딛길 원하셨는데, 곧 우리의 헌금 액수를 절감하는 것이었습니다. 그렇게 하자 곧 우리의 수입은 그 이전 수준으로 회복되었습니다. 우리는 빚을 청산하게 되었고 하나님께서 다시 우리를 재정적으로 형통케 하시는 것을 경험했습니다.

　하나님께서는 때로 당신을 정결케 할 기회를 마련하고자 그의 축복을 늦추시기도 합니다. 그러므로 이런 기회가 오면 마치 지극히 사랑하는 아들을 교훈하시는 아버지처럼 하나님께서 당신을 훈련하고 계신 것을 확신하십시오. 그것은 신병을 훈련시키는 하사관의 호령과는 다를 것입니다. 하나님의 순전하신 동기는 오직 당신의 궁극적인 유익을 위한 것입니다. 당신은 그 훈련의 결과로 좀 더 그의 마음을 닮아 가고 당신이 하나님을 믿고 기대하던 것도 아울러 받게 될 것입니다.

하나님은 누가 자원이 되는지 상기시키신다

하나님께서 이스라엘 백성들에게 이렇게 경계하셨습니다. "네가 먹어서 배불리고 아름다운 집을 짓고 거하게 되며 또 네 우양이 번성하며 네 은금이 증식되며 네 소유가 다 풍부하게 될 때에 두렵건대 네 마음이 교만하여 네 하나님 여호와를 잊어버릴까 하노라… 또 두렵건대 네가 마음에 이르기를 '내 능과 내 손의 힘으로 내가 이 재물을 얻었다' 할까 하노라"(신명기 8:12-14,17).

하나님은 당신이 혹시라도 그릇된 기초 위에 건축했다가 급기야는 허무하게 무너지는 일이 없도록 미연에 방지하고자 하십니다. 때때로 당신의 믿음의 길이 평탄하기만 할 때 자기 의에 빠지든가("나는 항상 승리하는데, 넌 왜 못하니?"), 또는 하나님 대신 어떤 우연의 체계를 의뢰하는 위험에 빠질 수도 있습니다.

하나님께 예탁해 놓고 하나님께서 당신의 믿음에 응답해 주시는 것을 경험할 때조차도 우리는 조라는 친구가 빠졌던 함정에 걸려 들 수 있습니다.

그는 자기 동료가 복권을 사서 200불을 횡재했다는 이야기를 귓결에 듣게 되었습니다.

"완전히 거저 먹기였지 뭐. 보라구, 오늘은 29일이고 또 내 나이가 만 29세이다, 오늘 아침 우송된 계산서에는 청구액이 29불, 그러므로 나는 잽싸게 뭔가가 맞아 들어가고 있다고 계산했다 이거야. 나는 곧장 달려 나가 29번짜리를 샀는데, 영락없었지 뭐!"

아주 그럴 듯하고도 틀림없는 것처럼 들렸습니다.

다음날 아침 조는 여느 때보다 일찍 일어났는데 시계를 보니 정확히 5시였습니다. 옷을 차려 입으면서 보니까 지난밤 경대 위에 올려놓았던 백동전이 눈에 띄었는데 꼭 5개였습니다. 그리고 일터로 가는 버스에 올라 보니 5사람이 타고 있었고, 내리기 전까지 5번을 정차하는 것이었습니다.

기가 막힌 생각이 떠올랐습니다. "맞았어. 내 행운 번호를 찾아냈어!"

그는 곧장 은행으로 질주하여 그간 푼푼이 예금했던 돈을 빼내 가지고 경마장으로 가서 5번째 경기의 5번째 말에 전액을 걸었습니다.

아니나 다를까 그 말은 과연 5위로 골인했습니다.

당신에게 승리를 주는 것은 명약관화하게 보이는 어떤 우연한 규칙 또는 체계가 아니라 하나님이십니다. 하나님은 우리가 어떤 도박을 하라고 불러 주신 것이 아니라 하나님 안에서 믿음을 가지라고 불러 주신 것입니다.

하나님께서는 스스로는 어쩔 수 없음을 자인하는 사람들을 돕고자 하십니다. 그는 독불장군 식으로 자신만만해하는 사람을 키우려 하지 않으십니다. 하나님께서는 당신이 계속적으로 올바른 자원에 연결되어 있도록 보호하는데 필요한 일이라면 무엇이든지 하실 것입니다.

마이런이 꼭 자기를 위해 준비된 것으로만 여겨지는 일자리의 소식을 들었을 때는 알래스카에서 일하고 있던 중이었습니다. 그러나 새로운 일자리로 옮기는 것은 실현되지 않았으며, 결국 마이런은 부양가족을 거느린 채 실업자가 되었습니다.

그와 아내는 한자리에 앉아 가계부를 살폈습니다.

"내 생각에는, 앞으로도 직장이 없이 2개월 반이나 3개월 정도 버틸 수 있을 것 같아." 마이런이 내린 결론이었습니다.

곧 그는 직장을 구하러 다니기 시작했는데, 마침내 그들 돈이 바닥 나 버린 때에 이르러서야 새 직장을 겨우 찾을 수 있었습니다.

돌이켜 생각해 보면서 마이런은 다시 이런 결론을 내렸습니다. "비록 기도는 하면서도 나는 나 자신과 은행에 있는 예금을 우리 자원으로 여겼기 때문에 하나님께서는 지난 석 달 동안 직장을 공급해 주시지 않은 것 같습니다. 지금 생각해 보면 일찌감치 자신을 의뢰하지 않기로 마음 먹었더라면 훨씬 전에 직장을 얻었을 것입니다."

이스라엘 자손들이 여리고 성을 취하러 갈 때, 하나님께서는 그들에게 7일 동안 그 성 주위를 돌라고 명하셨습니다. 이 계획은 다만 이스라엘 가운데서 자기 의뢰의 요소를 없애려는 것이 목적이었으므로, 여리고 사람들이 볼 때는 그리 대수롭지 않은 것이었습니다.

그들이 여리고 성을 돈 지 5일째나 6일째쯤 되어서는 기진맥진하여 진으로 돌아오는 모습이 눈에 선하지 않습니까? 그들은 아마도 육신적으로 거의 탈진 상태에 빠져 성 주위를 돌 때마다 성벽은 더욱 높아 가는 것만 같았을 것입니다. 나중에 크게 외치라고 하신 하나님의 계획이 별 효과가 없을 경우를 대비하여 다른 공격 방안을 생각한 사람들이 더러 있었다면 이쯤에서 나름대로의 대안을 펴 봄 직도 했을 것입니다. 그러나 그들 대부분은 아마도 너무

피곤한 나머지 다른 방법은 시도해 볼 엄두도 못 냈든지 아니면 난관이 많을 것을 지나치게 의식하여 역시 별 소용이 없을 것으로 여겨 포기했을 것 같습니다. 이제 하나님께서 역사하시는 대로 맡기든지 처절한 패배를 자초하든지 양자택일할 수밖에 없었습니다. 바로 이것이야말로 하나님께서 위대한 기적을 베푸시기 위한 불가결한 요건이었습니다.

하나님 보시기에는, 올바른 자원을 의뢰하는 겨자씨만한 믿음이 한 양동이 가득한 의지나 1톤이 넘는 정도의 거창한 결단보다 낫습니다.

하나님은 아마도 당신에게 참된 자원이 누구인가를 상기시켜 주려고 그 응답을 연기하고 계실 것입니다.

하나님은 당신의 믿음의 결과를 훨씬 큰 것으로 바꿔 주신다

이스라엘 백성들을 위한 하나님의 계획은 그들의 믿음의 결과를 그들이 상상했던 것보다 훨씬 큰 것으로 바꿔 주시는 것이었습니다. 아마도 이스라엘 백성들은 애굽의 세력이 미치지 못하는 지역에 정착하길 원했을 것이지만, 하나님께서는 이에 대해 어떤 생각을 가지고 계셨는지 주목해 보십시오.

"네 하나님 여호와께서 너로 아름다운 땅에 이르게 하시나니, 그곳은 골짜기에든지 산지에든지 시내와 분천과 샘이 흐르고 밀과 보리의 소산지요 포도와 무화과와 석류와

감람들의 나무와 꿀의 소산지라. 너의 먹는 식물의 결핍함이 없고 네게 아무 부족함이 없는 땅이며 그 땅의 돌은 철이요 산에서는 동을 캘 것이라"(신명기 8:7-9).

마치 울창하고 비옥한 애리조나 지역의 대지 매매 선전 문구 같지 않습니까? 사실 믿기 어려울 만큼 좋습니다. 하지만 말씀 그대로의 땅을 하나님께서는 그 자녀들에게 주길 원하셨습니다. 그러기 위해서 하나님은 그의 축복을 연기하셔야만 했는데 여기에는 그들의 소원을 이루어 주실 뿐만 아니라 그 이상의 것을 주시려는 계획이 있었던 것입니다.

이런 일은 아이오와 주의 뉴턴에 사는 한 가정에도 일어났습니다. 그 가족들의 생활공간이 점점 비좁아져서 견디기 힘들게 되었는데, 이는 아이들은 계속 자라나는데 집은 그렇지 못했기 때문입니다. 그리하여 그들은 지하는 차고로, 지상은 휴게실로 쓸 부속 건물을 하나 계획하게 되었습니다.

그러나 막상 차고 자리를 파려고 하니 사람이 없었습니다. 여름이 가고 가을이 오는가 싶었는데 어느덧 겨울 결빙기가 시작되어 곧 땅을 파내는 일이 불가능해질 것 같았습니다. 땅 파는 인부를 구하려고 모든 수단을 다 동원해 보았지만 소용없었습니다.

그런데 근처에 살면서 건축업에 종사하던 한 친구가 이 어려운 형편에 대해 들었습니다. "그것 참, 별 희한한 일이 다 있구먼. 그래, 땅 좀 파낼 일꾼을 구할 수가 없더란 말이지? 우리 인부들 중에서 한 사람 보내 주겠네."

그의 가족은 이에 대해 기도하였지만 그 친구가 문제를 해결해 줄 수 있을 것인지에 대해 여전히 평안한 마음을 가질 수가 없었습니다. 그들은 줄곧 하나님께서 그 부속 건물 계획을 진척시켜 주시도록 간구했었지만, 하나님은 오히려 그들이 시도하기만 하면 즉각 제동을 거시는 것처럼 보였습니다. 그들은 별 도리가 없었으므로 하나님을 기다릴 수밖에 없다고 생각했습니다.

결국 하나님께서 도와주는 것을 미루신 것은 그들이 꿈꾸던 것보다 훨씬 큰 응답을 주시려고 그랬던 것임을 알게 되었습니다.

이듬해 봄 주님께서는 집을 고치느니 차라리 다른 집으로 이사하는 것이 좋겠다는 생각을 주셨습니다. 주님께서는 새로운 집을 주신 정도가 아니라 근교에 자리한 생활공간이 훨씬 넓은 건물에다 20에이커 정도 되는 땅도 주셨습니다. 그리하여 그들 가족은 넓은 정원에다 낚시를 즐길 수 있는 연못과 아이들을 위해 동물 사육장까지 마련할 수 있었습니다. 이렇듯 미루어졌던 축복은 그들 스스로 짜낼 수 있던 어떤 것보다도 훌륭한 형태로 나타났습니다.

네브래스카 주에 있는 마라나다 성경 캠프는 조용한 시골에 세워진 것이었는데, 그 캠프 바로 옆으로 주간(州間) 국도 80번 선이 뚫릴 것이라는 정부 측 발표는 분명 날벼락과 같은 소식이었습니다. 도대체 조용해야 할 성경 캠프 바로 옆으로 간선 고속도로가 지나간다는 것은 있을 수 없는 일이었습니다.

 그리하여 그리스도인들은 기도하기 시작하여 주님께서 정부 계획을 변경시켜 주실 것을 믿고 의뢰했습니다. 그들은 심지어 네브래스카 주 정부에서 부지사를 지냈던 사람을 써서 그 문제를 가지고 법정에까지 갔지만 소용없었습니다. 고속도로 공사는 착착 진행되었으며 마치 주님께서는 그 문제에 관한 한 손 떼신 것처럼 보였습니다.

 그러나 사실 그것은 하나님의 계획이 훨씬 훌륭한 것이기 때문이었습니다.

 도로 공사가 진행되면서 부근에 인터체인지를 건설하는데 모래가 많이 필요하게 되었고 이 문제 때문에 공사 담당자들은 캠프 부지에서 모래를 채취하기 위해 캠프 관리 책임자를 만나 동의를 얻어야 했습니다. 이 일도 착착 진행되어 그 보상으로 그들은 모래를 파내고 남은 웅덩이를 아름답고 아담한 호수로 바꿔 주었는데 그 결과 캠프의 사역에 큰 도움이 되었습니다.

 게다가 그 고속도로가 또한 근처에 있는 농장을 가로지르는 바람에 농장 주인이 도로 이편의 농장에 직접 올 수 있는 길이 없으므로 이편의 농지를 적절한 값으로 캠프에 팔기로 마음먹게 되었습니다. 그러므로 캠프 측으로서는 시원스런 호수를 얻게 된 데다 새로 구입한 땅에 시설을 더욱 확장하여 사역이 크게 번창하게 되었습니다. 하나님께서 그 약속을 성취해 주시기까지 기다린 것뿐인데 엄청난 보상으로 응답받게 된 것입니다.

러쓰와 도리스 부부의 경우는 가족이 함께 모여 좀 더 많은 시간을 보내야 할 필요가 있음을 깨닫고 이 필요를 채워 주시도록 하나님께 의뢰하기로 했습니다. 학교 다니는 동안은 너무 바빠 함께할 시간이 없었으므로 그들은 아이들을 데리고 한 여름을 느긋하게 보내든지 아니면 다 그만두고 한 일주일 정도 푹 쉬어야겠다고 생각했습니다.

그들은 하나님께서 그 필요를 채워 주실 것이라 믿고 의뢰하였지만 그들의 기대는 그만 물거품이 되어 버렸습니다.

처음엔 교회에서 연주회를 가진 소년부 합창단원들이 그의 집에 머물렀습니다. 그 후에 친척들이 몰려와 일주일을 보내고 갔습니다. 또 다음으로 독일에서 이사 온 친구 가족이 왔을 때는 거의 문 밖으로 떠밀리는 듯한 느낌마저 들었습니다. 아이들까지 있는 친구 가족은 콜로라도스프링스에서 집을 찾는 동안 일주일을 러쓰 가족과 함께 생활했습니다. 마침내 그들 가족이 떠나는가 했더니 이번에는 도리스가 인도하는 성경공부에 참석하고 있는 한 부인으로부터 전화가 왔습니다. 그녀는 알코올 중독자인 남편으로부터 구타를 당한 후 턱에 골절상을 입고 입원 중이었습니다. 그녀는 당분간 세 자녀와 함께 머무를 거처를 필요로 하고 있었습니다. 그래서 러쓰와 도리스는 자기 집을 개방하여 그때로부터 6주 동안 그녀 가족을 돌보았습니다. 그 다친 부인은 턱을 금속 줄로 고정시켜 놓고 있는데다 막내 아이가 이제 겨우 6개월 된 어린애였기 때문에, 이들을 돌본다는 것은 결코 쉬운 일이 아니었습니다. 그 부인은 수입원도 없었기에 러쓰와 도리스는 자기 가족의 생활비 뿐만 아니라 그녀의 치료비를 부담하면서 그녀 가족의 생활비까지 대야 했습니다.

가족이 좀 더 많은 시간을 함께할 수 있도록 믿음으로 기도했는데 과연 이것이 그 응답인지! 마치 하나님께서는 그들을 내팽개치신 것 같았습니다.

그렇지만 그 가족이 떠나간 후에 러쓰와 도리스 부부는 하나님께서 그 환경들을 통하여 그들의 기도에 응답하시고 더 풍성히 주신 것을 깨닫게 되었습니다.

러쓰는 이렇게 말했습니다. "일단 낸시 가족이 떠난 후 우리 가족끼리 함께 가질 수 있었던 시간은 믿을 수 없을 정도였습니다. 다른 집 가족들을 돌보느라 분주하던 통에 생활의 짜임새가 잡히고, 집안일을 훨씬 효과적으로 해낼 수 있었기 때문에 그 만큼 많은 시간을 가족이 함께 보낼 수 있었습니다."

그 빡빡한 북새통 속에 6주를 보내면서 그들은 무의식적으로 TV 시청을 단념했는데, 이유는 단지 그럴 만한 시간이 없었기 때문이었습니다. 그러다가 가족들만 남게 되자 이전에 TV를 보느라 허비되었던 시간이 실제로 가정생활을 윤택하게 하는 데 쓰일 수 있다는 것을 발견하게 되었습니다.

하나님께서는 그들이 계획했던 식으로 딱 일주일만 함께 보낼 수 있도록 해주시지 않고 좀 더 장기적인 안목에서 가족들 간에 더욱 친밀해지도록 하기 위하여 그들의 전반적인 생활양식을 개편해 주셨습니다.

하나님께서는 또한, 그 후하심을 따라, 한 친척으로부터 500불짜리 수표를 우편을 통해 받게 하셨습니다. 그 돈은 그들이 지금까지 곤란에 처한 가정을 돌보는 데 소요된 모든 경비를 충당하고도 남았습니다.

하나님은 결코 당신이 믿고 바라는 축복을 주시는 손길을 거두지 않으시며, 다만 당신의 마음을 깨끗케 하고 당신이 올바른 자원을 바라보도록 하기 위하여, 또는 당신 스스로 구하려고 노력하든지 꿈꾸는 것보다 훨씬 더 큰 것으로 주시기 위해 그 축복들을 잠시 보류하실 수 있습니다.

당신이 마치 하나님의 축복의 강으로부터 한 모금도 마시지 못하는 것처럼 여겨질 때에도, 어쨌든 기대하는 가운데 기다리십시오. 축복은 여전히 댐 뒤에 모이고 있기 때문에, 하나님께서 수문을 여실 때면, 당신에게 밀어닥치는 축복이 엄청나 오히려 얼떨떨할 지경이 될 것입니다.

믿음은 하나님께서 예비하신 모든 것을 경험하는 길이다

하나님께서는 당신을 그의 자녀로 부르셔서 풍성하고 충만한, 승리와 성공의 삶에 이르도록 하셨습니다. 그것은 필요가 채워지고 소원이 이루어지는 삶입니다. 그러나 그의 계획은 이런 결과들을 위해 당신 스스로 분투하도록 하는 것이 아니라, 다만 하나님만 바라보고 모든 것을 주시길 기대하도록 하는 것입니다. 그는 당신이 필요로 하는 모든 자원이 되길 원하십니다.

하나님께서 당신에게 주실 것으로 믿고, 행하는 믿음으로 당신 자신을 맡기면, 하나님께서는 당신의 믿음의 예탁분에 대해 거듭해서 갚아 주시는 것을 볼 것입니다.

"믿음이 없이는 기쁘시게 못하나니 하나님께 나아가는 자는 반드시 그가 계신 것과 또한 그가 자기를 찾는 자들에게 상주시는 이심을 믿어야 할지니라"(히브리서 11:6).

만왕의 왕의 자녀답게 사십시오. 하나님께서 당신을 위해 예비하신 모든 것을 믿음으로 경험하십시오. 곧 하나님은 당신의 생각보다 훨씬 후하신 분임을 발견하게 될 것입니다.

하나님은 하실 수 있습니다!

본 출판사의 서면 허락 없이는 본서의 전부
또는 일부의 무단 복제, 또는 원문에 대한
무단 번역을 금합니다.

능히 이루시는 하나님

초판　1쇄　발행 : 1983년 12월　1일
초판 14쇄　발행 : 2001년　9월　3일
개정　1쇄　발행 : 2003년　6월　5일
개정　3쇄　발행 : 2010년　7월 20일

펴낸곳 : 네비게이토 출판사 ⓒ
펴낸이 : 조성동
주소 : 120-600 서울 서대문 우체국 사서함 27호
120-836 서울시 서대문구 창천동 497
전화 : 334-3305(대표), 334-3037(주문), FAX : 334-3119
홈페이지　http://navpress.co.kr
출판등록 : 제10-111호(1973년 3월 12일)

ISBN 978-89-375-0264-4　03230